九訂版

明解簿記講義

塩原一郎［編著］

創 成 社

はじめに

大学教育における「簿記（または簿記原理）」という科目は，非常にユニークな科目である。商学部や経営学部等において多くの場合1年次に配当されている「簿記」と称される科目では，おそらく全国のどの大学・短大においても，ほぼ同様の範囲を扱う講義が展開されている。具体的にいえば，簿記・会計の意義から始まって，8桁精算表の作成を含む決算までである。その到達水準は，およそ日本商工会議所の簿記検定でいうところの商業簿記3級に相当する。

このことは，上記のような初歩的な簿記知識が，他の会計科目を履修する際に必須の前提となることによるものと思われる。期末修正事項の理解なくして，財務会計や国際会計の理解はままならないであろうし，原価配分の基礎知識なくして，管理会計や原価計算の履修は困難であろう。すなわち，「簿記」と称される科目は会計科目履修のために必要最低限の基礎知識の習得という役割を担っており，その役割を果すためには，必然的に多くの簿記教育の場において共通の履修範囲がカリキュラム上予定されることになるのである。

しかしながら，そのように一定の講義内容が暗黙裡に予定されていることは，一方で簿記教育の現場に若干の困難をもたらす場合もある。すなわち，各大学において学生や講義の状況が多種多様であるにもかかわらず，一定の仕上がり水準があるために，予定されている範囲を講義日程の中で終わらせなくてはならないということである。他の科目が，講義の範囲や水準を，学生の理解度に応じて臨機応変に変更してゆくことが可能なのに対して，「簿記」と称される科目では，その範囲の一部分だけを取り上げて扱うことはおよそ不可能であるといえよう。

また，簿記はきわめて実習性が高い科目である。簿記知識は単に教科書を読むことで身につくものではなく，実際に自らの手を使って，仕訳や補助簿への記入を行ってみなくては習得することができない。一部の大学では，TA（Teaching Assistant：教務補助）の利用などによって，簿記の講義時に行われる演習の補助が実施されているが，まだ必ずしも十分なものではないように思われる。

簿記がこのように，学習範囲が広く，日々の積み重ねによる習得が求められる科目であることが，明治の昔からの学生の簿記離れ，ひいては会計科目離れをもたらしている背景にあるといえよう（もっとも，簿記の機構を美的意識をもってとらえる学生諸君が存在することも忘れてはならない）。しかも現代社会では，簿記・会計知識の重要性はますます高まっているといわねばならない。現在の簿記・会計教育の現状は必ずしも万全であるとはいえないけれども，とにかく簿記を学ばざるをえない状況にあることだけは否めない事実である。

本書は，私のゼミで学び，現在，大学において簿記教育に携わっている若手教員の諸君とともに執筆したものである。上記のような状況にあって，彼らが日頃，簿記教育の現場で直面している問題や，私や彼らの経験から培ってきた幾ばくかの教育上の工夫をできる限り反映させながら，「講義で使いやすいテキスト」を主眼として作成したものである。

　たとえば，本書では，全体を大学での一般的な講義回数である全24回に分けている。これは，1回の講義で1つの項目を扱うことを予定したからである。さらに，各回とも，説明は簡潔なものにとどめ，それに続く「例題」と「練習問題」によって理解が進められるように工夫されている。付加的な説明が必要と思われる箇所，あるいは，上級の簿記・会計につながる知識については，折りにふれ，脚注等の欄で説明を行っている。

　また，本書では，次のような構成を設けることとした。すなわち全体を，簿記一巡までを範囲とする第Ⅰ部，期中取引までを範囲とする第Ⅱ部，および期末決算までを範囲とする第Ⅲ部に分け，各部の終わりに，そこまでの段階の理解度をはかる目的で，「復習問題」を設けた。

　各回の「練習問題」および各部の「復習問題」については，その場で書き込みながら学習できるように，解答欄を用意してある。したがって，本書は，テキストであると同時に，ワークブックの機能をも備えている。「練習問題」および「復習問題」の正解は，巻末に簡単な解法の手引きとともに示してある。

　さらに，巻末には，日本商工会議所簿記検定（商業簿記3級）に準じた模擬試験問題を所収した。講義を受けた後で，同検定試験にチャレンジしようというときに，必要に応じて利用してほしい。

　本書が，「簿記」の講義テキストとして，また，簿記の基礎知識を得ようとする諸君の自習書として，有用なものとなることを願っている。

　なお，本書の企画から出版に至るまで，さまざまなご助力をいただいた創成社の塚田尚寛氏に心より御礼を申し上げたい。

2008年3月25日

塩原一郎

目　次

はじめに

第 I 部

簿記の基礎

第1回 株式会社会計の意義

0 はじめに

あなたは，ほしい物がインターネット上でしか販売しておらず，直接確認できない場合，購入するかどうかをどのように判断するだろうか。1つの方法として，通販サイト上に示された商品紹介欄と実際に購入して利用した人からの情報である「口コミ」の確認がある。

商品紹介欄には商品の寸法，重量などが掲載されている。適切な単位により測定された客観的な情報なので，それらの点については正確に把握することができる。

それに対して口コミは，商品の単純な良し悪しに始まり，素材の質感，色，味，といった実際に購入した人の主観に基づく情報である。そのため，あなたが口コミの投稿者と同じ印象を持つとは限らない。このように，商品を実際に手に取ることができない場合，入手できる客観的情報と主観的情報から商品を総合的に評価して購入の判断をすることになる。

それでは，突然だが，あなたが会社を評価，判断したい時はどうであろうか。あなたはどのような情報を入手すれば適切に評価，判断できるだろうか。

たとえば，ある会社の株式を購入したい時，経営者として他社と取引を始めたい時，就職先として問題ないかを判断したい時 etc.

あるいは，従業員として，自分の所属している会社が儲かっているのかを知りたい時，給料の額が妥当であるのかを判断したい時 etc.

このように会社の外部と内部には当該会社の実態を知りたいと思っている人々がいる。そのような人々がその実態を適切に評価，判断できるように，会社はさまざまな情報を公表（これを**開示**という）している。会社が開示する情報は大きく分けて定量的情報と定性的情報の2種類である。

会社が開示する**定量的情報**には，たとえば貸借対照表，損益計算書など（これらを**財務諸表**という）によって提供される情報で，端的に言えば，会社がどこから活動資金を調達して，どのような活動に使って，その結果，どれほど儲かっているのか，あるいは損しているのか，という会社の過去の活動と現在の状況を表す情報が含まれる。一方の**定性的情報**には，たとえば経営戦略・経営課題，リスクやガバナンスに係る情報などの会社の将来像に関わる側面について説明する，定量的情報以外の情報が含まれる。

株式の購入や就職活動など，会社に関わるさまざまな判断を行う場合には，定量的情報

と定性的情報の両方を分析して，総合的に評価するが，適切な判断ができるようになるためにはそれぞれの情報について学ぶ必要がある。そこで本書では，財務諸表という定量的情報が理解できるようになるために，その作成の技術である**簿記**について説明する。簿記の学習は，財務諸表の理解にくわえ，定量的な側面から会社の実態を分析する方法の1つである**財務諸表分析**の理解と活用にも有効である。なお対象とする会社の形態はもっとも一般的である株式会社とする。

1 株式会社の意義と会計情報の役割

新たに事業を開始する場合，個人事業主として行うことも可能だが，会社を設立するケースもある。会社とは会社法に基づいて設立された法人であり，その会社の中でもっとも一般的な形態が**株式会社**である。株式会社は，株式という有価証券を発行することにより調達した資金を使って事業活動を行い，その目的は利益を獲得して株主に分配することである。

株式会社を設立するためには，株主総会と取締役の2つを設置しなければならない。**株主総会**とは，出資者である**株主**により構成される最高意思決定機関である。株主総会では，役員の選任と解任，役員の報酬額の決定，資本金の額の増加，剰余金の配当・処分など経営に関する重要な議案が決議される。**取締役**は株主総会の決議により選任され，日々の業務を専門に担当する。

株主総会の構成員である株主は日々の経営判断には関わらないが、法律（**会社法**）に基づき，利益の分配である**配当（インカム・ゲイン）**を受け取る権利（**剰余金配当請求権**）や株主総会で上記にあるような議案について投票する権利（**議決権**）などが与えられている。株主は配当を受け取る権利はあるが，配当額を決める権利はない。金額は取締役が株主総会で提案して，決議されるのである。したがって，株主が配当額をはじめとする議案に対して納得して議決権を行使するには，判断するための情報が必要となる。

また株主の権利とは別に，証券取引所で発行した株式が売買されている（これを**上場**という）会社の株主，あるいはそのような株式の購入を検討している人は，保有する株式の**売却益（キャピタル・ゲイン）**が実現することを期待している。その可能性を予測するためにも情報が必要となる。

株主が上記の事柄を判断することを目的に自分の会社の状況を掴むためには，会社が作成・開示する財務諸表を中心とした会計情報が必要となる。財務諸表の作成に必要な技術が簿記である。なお，株式会社などの会社による，一連の情報の作成・開示を内容とする会計を**企業会計**という。

2 会計の意義

　会計（accounting）とは，情報利用者が意思決定をする際に，個人または組織の経済活動・経済事象とその結果を，貨幣を尺度として測定して伝達する過程である。これを模式図で表すと以下のようになる。

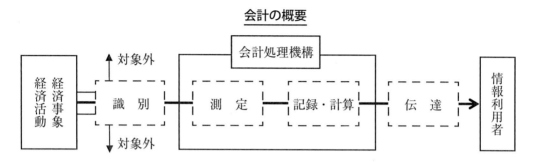

会計の概要

3 会計の分類

　上記の内容をもつ会計の領域は情報の伝達先から2つに分類される。1つは，株主，債権者などの会社外部の人々に情報を提供する会計で**財務会計**（financial accounting）という。もう1つは，会社内部にいる経営者や従業員等に情報を提供する会計で**管理会計**（managerial accounting）という。

4 単式簿記と複式簿記

　財務会計と管理会計に分類される会計において簿記（bookkeeping）は主に記録を行う（簿記という用語は，「帳簿記録」を短くしたものだとか，Bookkeepingの発音に由来するともいわれている）。簿記は対象とする経済単位の活動を記録する仕組みによって単式簿記と複式簿記に分けられる。

　単式簿記は金銭収支，債権・債務といった経営活動を把握するために重要な一部の項目だけが記録対象とされる。また帳簿と帳簿の間にも，帳簿に記録されている項目と金額との間にも秩序立った関連がない。そのため記録の誤りを発見することが困難という問題点がある。

　一方の**複式簿記**は経済単位の活動をすべて網羅し，秩序立てて記録する。したがって，とくに記録の網羅性と秩序性が強く必要とされる会社の簿記においては複式簿記が使用されている。本書では会社で行われる簿記の基礎的な知識の習得を目的としているので，複式簿記の原理と具体的な手続きについて学習する。

5 基本的な用語

簿記の学習を進める中で，さまざまな用語，記号が登場するので，今後の説明のために，とくに重要なものをまとめて示しておく。

用語または記号	意味，その他
会計期間	会計の対象となる期間。1年，半期（半年），四半期（3ヵ月）等がある
期首（きしゅ）	会計期間の始め
期中（きちゅう）	期首と期末の間
期末（きまつ）	会計期間の終わり
次期（じき）	次の会計期間
翌期首（よくきしゅ）	次の会計期間の期首
借方（かりかた）	財務諸表，勘定口座などの左側
貸方（かしかた）	財務諸表，勘定口座などの右側
¥（円マーク）	単位が円であることを示すために金額の前に置く
,（カンマ）	金額を表記する際に，3桁ごとに打って読みやすくする
@（アットマーク）	単価であることを示すために金額の前に置く
#（ナンバー）	番号であることを示すために数字の前に置く
〃（ディットー）	上または前に同じであることを示す
△（デルタ／マイナス）	金額がマイナスであることを示すために金額の前に置く

用語の整理

1. 会社が提供する情報は，大きく分けて（　①　）的側面についての情報と（　①　）的側面についての情報に分けられる。

2. 情報の提供先により，会計は（　①　）と（　①　）に分類される。

3. 現行の企業会計で採用される簿記は（　①　）である。

4. （　①　）とは株式を発行して資金調達する企業形態である。

5. 株式会社の最高意思決定機関は（　①　）である。

6. 株主には（　①　）を受け取る権利（　②権　）と株主総会で（　③　）する権利（　④権　）などが与えられている。

7. 配当を（　①　）ゲインといい，株式の売却益を（　②　）ゲインともいう。

解　答

1	①定量，定性
2	①財務会計，管理会計
3	①複式簿記
4	①株式会社
5	①株主総会
6	①配当，②剰余金配当請求，③投票，④議決
7	①インカム，②キャピタル

第2回 貸借対照表の概要

1 貸借対照表の概要

　貸借対照表 (balance sheet) は，資産，負債，純資産という3つの要素により構成される計算書である。**資産**には，貨幣・紙幣などの金銭，建物・車両・備品などの財（モノ），売掛金，受取手形，貸付金などの将来に金銭を回収する**権利**などが含まれる。**負債**には，買掛金，支払手形，借入金などの将来に金銭を引き渡す**義務**などが含まれる。**純資産**には，株主から株式会社への払込，過去の経営活動で獲得した利益の積立などが含まれる。なお，資産を計上する左側を**借方**，負債と純資産を計上する右側を**貸方**という。

　貸借対照表の具体的な形式は以下のとおりである（勘定式）。

貸　借　対　照　表

大師株式会社　　　　　　　　　　×2年12月31日　　　　　　　　（単位：円）

資　　　　産	金　　額		負債及び純資産	金　　額
現　　　　　金		×××	買　　掛　　金	×××
売　　掛　　金	×××		借　　入　　金	×××
貸 倒 引 当 金	△×××	×××	資　　本　　金	×××
商　　　　　品		×××	繰越利益剰余金	×××
備　　　　　品	×××			
減価償却累計額	△×××	×××		
		×××		×××

2 貸借対照表の機能

　上述のとおり貸借対照表の貸方の上段には負債が，下段には純資産が配置されている。負債には返済義務，あるいは支払義務があるのに対して，純資産には返済義務がない。このように，貸借対照表の貸方の上段と下段では特質の異なる会社の活動資金をどこから調達しているのか（これを**調達源泉**という）を表している（会社の資本であるという共通の性質から負債を**他人資本**，純資産を**自己資本**ともいう）。一方，借方の資産は会社が調達した資金を

ある時点においてどのような形態で保有，活用しているのか（これを**運用形態**という）を表している。このように貸借対照表は**一定時点**における資金の調達源泉と運用形態を対照表示しているが，この両者，つまり貸借対照表全体で**財政状態**を表示する。以下の図は貸借対照表の形式を示している。なお，貸借対照表の項目を使った財務諸表分析として，会社の支払能力の指標である**安全性**などが把握できる。

貸借対照表の構成と機能

3 貸借対照表の構成要素の関係

　貸借対照表の3つの構成要素の関係は，上記の図のように，運用形態を表す「資産」と他人資本（負債）・自己資本（純資産）という調達源泉を表す「資本」の間には等式が成立する。

資産＝負債＋資本（これを**貸借対照表等式**という）

　次に，負債を左辺に移項すると以下の式が求められる。

資産－負債＝純資産（これを**資本等式**という）

　返済義務のある負債は資産により返済されるので，資産をプラスの財産，負債をマイナスの財産ということができる。したがって上記の式は資産から負債を控除することにより会社の正味財産である純資産が計算されることを表している。

例題 2-1	（1）負債総額￥1,000,000，純資産の額￥500,000のとき，資産総額はいくらか。 （2）資産総額￥1,800,000，負債総額￥1,300,000のとき，純資産額はいくらか。

解答 （1）￥1,500,000，（2）￥500,000

解説 貸借対照表等式「資産＝負債＋純資産」に金額を当てはめると，次のようになる。

	資　産	＝	負　債	＋	純資産
(1)	￥X	＝	￥1,000,000	＋	￥500,000
(2)	￥1,800,000	＝	￥1,300,000	＋	￥X

　それぞれの式を解くと次のとおりである。

（1）¥ X（資産）＝¥ 500,000 ＋ ¥ 1,000,000 ＝ ¥ 1,500,000

（2）¥ 1,800,000 ＝ ¥ 1,300,000 ＋ ¥ X（純資産）

¥ X（純資産）＝ ¥ 1,800,000 － ¥ 1,300,000 ＝ ¥ 500,000

4 貸借対照表の作成方法

　貸借対照表の作成方法には棚卸法と誘導法の２つがある。**棚卸法**はある時点における資産と負債の内容と金額を実際に調査し（これを**実地棚卸**という），その結果に基づいて貸借対照表を作成する方法である。したがって本書で説明する総勘定元帳などの主要簿の記録を必要としない。

　一方の**誘導法**は複式簿記に基づく帳簿記録から貸借対照表を作成する方法であり，現行の会計制度が採用する方法である。しかし記録の誤りなどの理由によって帳簿記録が不正確な場合があるので，帳簿記録を実態に合わせるために棚卸法を補完的に併用している。

5 貸借対照表を用いた期間損益計算

　会社を評価する際にもっとも注目されるのが「儲かっている」かどうかである。１年間の経営活動の結果，儲かっている場合には**当期純利益**が，儲かっていない，いわゆる「赤字」の場合には**当期純損失**が計上される（両者を合わせて**損益**という）。ある会計期間の損益（これを**期間損益**という）を計算する方法は２つある。そのうちの１つは貸借対照表を用いる方法で（もう１つは損益計算書を用いる方法で第３回参照），具体的には期末純資産から期首純資産を控除する。期末純資産が期首純資産に比べて増加していたら当期純利益，減少していたら当期純損失である。なお，貸借対照表による期間損益計算の方法を**財産法**という。

当期純利益（あるいは純損失）＝期末純資産－期首純資産

貸借対照表による損益計算

例 題 2-2	（1）期末純資産 ¥ 150,000，期首純資産 ¥ 100,000 のとき，当期純利益はいくらか。
	（2）期首資産総額 ¥ 200,000，期首負債総額 ¥ 150,000，期末資産総額 ¥ 300,000，期末負債総額 ¥ 220,000 のとき，当期純利益はいくらか。

解 答　（1）¥ 50,000　（2）¥ 30,000

解 説　財産法による損益計算の方法である「当期純利益（あるいは純損失）＝期末純資産－期首純資産」に当てはめて問題の内容を整理すると次のようになる。

	期末				期首			
	純資産 （＝ 資産 － 負債）			－	純資産 （＝ 資産 － 負債）			＝ 当期純利益 / 純損失
（1）	¥ 150,000			－	¥ 100,000			＝ ？
（2）	？	¥ 300,000	¥ 220,000		？	¥ 200,000	¥ 150,000	＝ ？

計算の詳細は以下のとおりである。

（1）¥ 50,000 ＝ ¥ 150,000 － ¥ 100,000

（2）期末純資産＝ ¥ 300,000 － ¥ 220,000 ＝ ¥ 80,000

　　　期首純資産＝ ¥ 200,000 － ¥ 150,000 ＝ ¥ 50,000

　　　当期純利益＝ ¥ 80,000 － ¥ 50,000 ＝ ¥ 30,000

用語の整理

1．貸借対照表の構成要素は（ ① ）である。

2．資産には金銭を回収する（ ① ），負債には金銭を引き渡す（ ② ）が含まれている。

3．貸借対照表は，（ ① ）における資金の（ ② ）を貸方に，（ ③ ）を借方に表し，その両者により（ ④ ）を示す。

4．企業の資本であるという同質性から，負債を（ ① ），純資産を（ ② ）という。

5．貸借対照表による損益計算の方法を（ ① ）といい，計算式は「 ② 」である。計算結果がプラスの場合は（ ③ ），マイナスの場合は（ ④ ）である。

6．貸借対照表の作成方法には（ ① ）と（ ① ）があるが，現行の会計制度では（ ② ）を採用していて，複式簿記に基づく帳簿記録から貸借対照表を作成している。

解 答

1	①資産，負債，純資産
2	①権利，②義務
3	①一定時点，②調達源泉，③運用形態，④財政状態
4	①他人資本，②自己資本
5	①財産法，②期末純資産－期首純資産，③当期純利益，④当期純損失
6	①棚卸法，誘導法，②誘導法

（1）それぞれの金額を答えなさい。

   （a）資産総額￥1,200,000，負債総額￥400,000 の場合の純資産額

   （b）資産総額￥2,500,000，純資産の額￥500,000 の場合の負債総額

   （c）負債総額￥1,400,000，純資産の額￥600,000 の場合の資産総額

   （d）資産総額￥900,000，負債総額￥0 の場合の純資産額

   （e）資産総額￥1,200,000，負債総額￥200,000 の場合の純資産額

(a)		(b)		(c)	
(d)		(e)			

（2）それぞれの空欄に適当な金額を入れなさい。

	期首純資産	期末純資産	期末資産	期末負債	当期純利益
(a)	￥225,000		￥495,000	￥235,000	
(b)			￥555,000	￥253,000	￥74,000
(c)	￥110,000	￥136,000	￥251,000		
(d)	￥245,000			￥178,000	￥34,000
(e)		￥150,000		￥123,000	￥10,000

第**3**回　損益計算書による損益計算

1　損益計算書の概要

　損益計算書（profit and loss account あるいは income statement）は，収益，費用，純利益（あるいは純損失）の３つの要素により構成される計算書である。**収益**は顧客への商品やサービスの提供などの純利益を増加させる項目である。**費用**は会社の経営活動を行うために必要なモノの購入やサービスの消費などの純利益を減少させる項目である。**当期純利益**（あるいは**当期純損失**）は収益から費用を差し引くことにより計算され，純資産を増加（あるいは減少）させる。

2　損益計算書の機能と作成方法

　損益計算書は，**一定期間**に行われた費用という純利益を減少させる企業の経営活動と収益という純利益を増加させる会社の経営活動の一覧表であり，両者に当期純利益（あるいは純損失）を加えた３つにより**経営成績**を表す。

　収益と費用はそれぞれ独立した要素とみることもできる。そうではなく関係性があると考える場合，費用とは収益を生み出すために払った犠牲であり，収益とはその犠牲を元に獲得した成果である，という見方もできる。つまり，成果と犠牲の関係，因果関係としてとらえることができ，成果が犠牲を上回れば当期純利益が計上される。よって，貸借対照表とは異なり，当期純利益（あるいは純損失）が計上された原因の分析が可能となる。なお，損益計算書の項目を使った財務諸表分析として，会社の利益を獲得する能力の指標である**収益性**などが把握できる。

　前回学んだ貸借対照表では，純資産の増減から一定期間に獲得された利益額がわかるのみであり，どのような活動を通じてそれだけの利益が得られたのかについてはうかがい知ることができなかった。それゆえ，貸借対照表と損益計算書の二表を作成することによって，はじめて経営活動の全貌を表すことができるようになるのである。

　なお，損益計算書の具体的形式は以下のとおりである（勘定式）。

損 益 計 算 書

大師株式会社　　×2年1月1日から×2年12月31日まで　　（単位：円）

費　　用	金　　額	収　　益	金　　額
売 上 原 価	×××	売　　　上	×××
支 払 保 険 料	×××	受 取 手 数 料	×××
広 告 宣 伝 費	×××		
通 信 費	×××		
当 期 純 利 益	×××		
	×××		×××

　なお，損益計算書の作成方法は誘導法である。費用・収益は資産・負債・純資産のように実際の在高を調査できないのでそもそも棚卸法は適用できない。そのため，一定期間に発生した費用・収益を継続的に記録して集計する誘導法を採用する。

3　損益計算書を用いた期間損益計算

　損益計算書において，収益が費用を上回った場合は当期純利益が，逆に下回った場合は当期純損失が計上されるが，それを式で表すと以下のとおりである。

当期純利益（あるいは当期純損失）＝収益－費用

　この損益計算の方法を**損益法**という。この関係を図表で表すと以下のとおりである。

損益計算書による損益計算

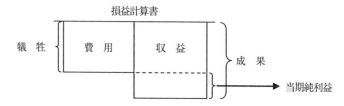

　上記の式の右辺の費用を左辺に移項した式（これを**損益計算書等式**という）は損益計算書の形式を表す。

費用＋純利益＝収益

　第2回と今回で見たように，貸借対照表と損益計算書では記載される情報内容も期間損益の計算方法も異なっている。とはいえ，両者はまったく別々の計算書ではなく，互いに連繋しているのである。それは，このあと学習するように，収益の発生は純資産の構成要素である利益を増加させ，費用の発生は純資産の構成要素である利益を減少させることからも明らかである。したがって，貸借対照表と損益計算書の利益（または損失）の額は当然，一致する。

　以下は上記の内容を図示したものである。

貸借対照表と損益計算書の連繋

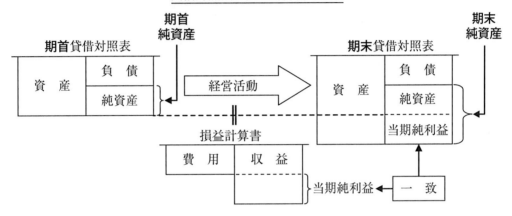

例題 3-1

（1）期首純資産￥1,000,000，収益￥3,000,000，費用￥2,500,000のとき期末純資産はいくらか。

（2）期首純資産￥1,500,000，期末純資産￥1,800,000，費用￥1,300,000のとき収益はいくらか。

解答　（1）￥1,500,000，（2）￥1,600,000

解説　貸借対照表と損益計算書における期間損益計算は以下の式で表される。

　　　当期純利益（あるいは純損失）＝期末純資産－期首純資産

　　　当期純利益（あるいは純損失）＝収益－費用

　　2つの式をもとに本問を整理すると以下の表になる。

	期末純資産	－	期首純資産	＝	当期純利益	＝	収　益	－	費　用
（1）	X	－	￥1,000,000	＝		＝	￥3,000,000	－	￥2,500,000
（2）	￥1,800,000	－	￥1,500,000	＝		＝	X	－	￥1,300,000

用語の整理

1. 損益計算書は（ ① ）から構成されていて，それらで（ ② ）を表している。

2. 当期純利益を減少させる経営活動は（ ① ），当期純利益を増加させる経営活動は（ ② ）である。

3. 費用と収益の関係は（ ① ）ととらえることができる。

4. 損益計算書による損益計算の方法を（ ① ）といい，計算式は「 ② 」である。計算結果がプラスの場合は（ ③ ），マイナスの場合は（ ④ ）である。

5. 貸借対照表による損益計算の結果と損益計算書による損益計算の結果は，必ず（ ① ）する。

解 答

1	①費用，収益，当期純利益（あるいは当期純損失），②経営成績
2	①費用，②収益
3	①因果関係
4	①損益法，②収益－費用，③当期純利益，④当期純損失
5	①一致

練習問題 EXERCISE

（1）空欄に適当な金額を入れなさい。

	期首純資産	期末純資産	収 益	費 用	当期純利益
(a)	¥ 320,000		¥ 160,000		¥ 40,000
(b)	¥ 440,000			¥ 170,000	¥ 60,000
(c)		¥ 79,000	¥ 38,000		¥ 18,000
(d)		¥ 163,000	¥ 128,000	¥ 105,000	
(e)	¥ 167,000	¥ 213,000		¥ 18,000	

（2）空欄を埋めなさい。なお，損失の場合は金額の前に△を付けること。

	期首資産	期首負債	期首純資産	期末資産	期末負債	期末純資産	損益	収益	費用
①	8		6	35			15		40
②		7		20	5			5	8
③		10	40		30		10	60	
④	100		70	200	50			100	
⑤	140		100		20	80			100

14

第**4**回 取引の意義

1 取引の意義

第1回で学習したように，簿記の記録，計算の対象となる会社の経営活動を**取引**（下図のA）という。ここでいう取引は，日常用語の取引（下図のB）とは範囲が異なるため，とくに**簿記上の取引**（より厳密にいえば**会計取引**）と呼ぶ。

簿記上の取引は，資産・負債・純資産を増減させる，収益・費用を発生させる経営活動である。よって「商品を仕入れる注文を出す」という経営活動は，資産・負債・純資産の変動，収益・費用の発生のいずれも引き起こさない。よって，簿記上の取引には当たらない（下図のC）。

次に会社が現金の紛失や火災に見舞われた場合を考えてみよう。現金の盗難は現金という資産を減少させる。したがって紛失という事実は，簿記上の取引に当たる。火災による建物の焼失も，建物という資産が減少したので，簿記上の取引に当たる（下図のD）。

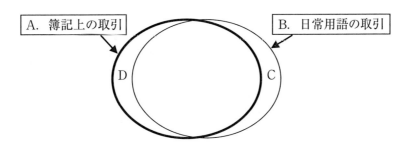

以上のことから，簿記上の取引の特徴として以下の点をあげることができる。

① 貨幣額で評価できる。

② 火災による損失のように取引相手がいない場合がある。

③ 盗難のような偶発的，予想外な事象も含む。

④ 景気の変動などが原因となるような会社の意思が及ばない事象も含む。

上記のなかでも，①は簿記上の取引を識別する際にとくに重要である。

2 取引の種類

　取引は，その内容から，一般的に，交換取引，損益取引，混合取引という３つに分類される。**交換取引**とは，収益・費用を発生させない，資産・負債・純資産間の取引である。**損益取引**とは，収益・費用を発生させる取引である。**混合取引**とは，交換取引と損益取引が結合したものである。

　３つに分類される取引は，取引が発生する際に，資産の増加・減少，負債の増加・減少，純資産の増加・減少，収益の発生，費用の発生という８つの事象（これらを**取引要素**という）が結びついている。交換取引と損益取引の取引要素の組合せは以下のとおりである。

3 取引要素の組合せと取引の二重性

　2で取引の種類ごとに取引要素の組合せを見たが，交換取引と損益取引の取引要素の組合せをまとめると以下のようになる。

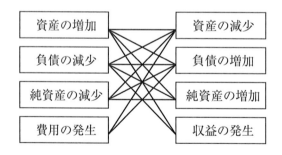

　このように１つの取引は，１つまたは複数の借方の取引要素に，同じく１つまたは複数の貸方の取引要素が結びつくことで成立している。このように取引は２つの側面を持っている。このことを**取引の二重性**という。その結びつきは借方と貸方の取引要素の間に「原因と結果」あるいは「手段と目的」という関係にあることを表している。複式簿記はこの関係を簡潔に表現する方法である。

　なお取引要素のうち，資産・負債・純資産の増加と収益・費用の発生というプラスの取引要素だけをまとめたのが以下の左の表である。上段が貸借対照表，下段が損益計算書と同じ配置になる。逆に，マイナスの取引要素をまとめると右の表になる。

借方	貸方	
資産の増加	負債の増加	} 貸借対照表
	純資産の増加	
費用の発生	収益の発生	} 損益計算書

借方	貸方
負債の減少	資産の減少
純資産の減少	
（収益の取消）	（費用の取消）

＊収益と費用の取消は取引要素ではないので カッコで示している。

例題 4-1　以下の空欄を埋めよ。

借方	貸方	借方	貸方
（①）の増加	（③）の増加	（⑥）の減少	（⑨）の減少
	（④）の増加	（⑦）の減少	
（②）の発生	（⑤）の発生	（⑧の取消）	（⑩の取消）

①		②		③		④		⑤	
⑥		⑦		⑧		⑨		⑩	

解答

①	資産	②	費用	③	負債	④	純資産	⑤	収益
⑥	負債	⑦	純資産	⑧	収益	⑨	資産	⑩	費用

4 勘定の意義

　経営活動により8つの取引要素が発生するが，取引要素の増減を記録するのではあまりに大雑把で，会社の実態を把握できない。そこで，より具体的な単位を設定して，記録，計算する必要がある。その単位が**勘定**で，個々の勘定に付けられた名称を**勘定科目**という。すべての取引は各勘定に分解され，すべての勘定口座をまとめた帳簿を**総勘定元帳**（単に**元帳**ともいう）といい，**勘定口座**に記入される（帳簿への記入を**記帳**という）。取引から総勘定元帳に開設されている勘定口座への記帳までの流れは次のとおりである。

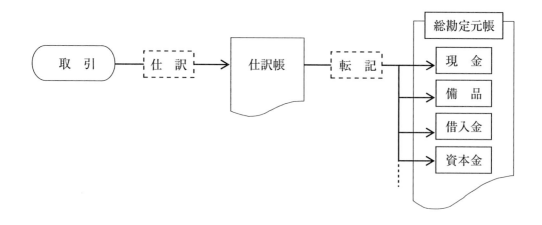

5 勘定の例示

a. 貸借対照表

　　資産・負債および純資産の具体例は，以下のとおりである。

具体的経営活動		勘定科目	参照回	構成要素
硬　貨	→	現　　　金	第7回	資　産
紙　幣				
他人振出小切手，送金小切手，普通為替証書，国庫金送金通知書，配当金領収証				
資金の貸付け	→	貸　付　金	第9回	
商品の売上げにかかる未収入金	→	売　掛　金	第12回	
ビ　ル	→	建　　　物	第14回	
倉　庫				
机	→	備　　　品	第14回	
コピー機				
応接セット				
営業車	→	車両運搬具	第14回	
トラック				
資金の借入れ	→	借　入　金	第9回	負　債
商品の仕入れにかかる未払金	→	買　掛　金	第12回	
株主からの払込額	→	資　本　金	第9回	純資産
配当に伴う積立金	→	利益準備金	第22回	
利益の蓄積	→	繰越利益剰余金	第22回	

b．損益計算書

収益および費用の勘定の具体例は，以下のとおりである。

具体的経営活動		勘定科目	構成要素
商品の売上げ	→	売　上	
貸した土地の地代	→	受取地代	
預金から得られる利息	→	受取利息	収　益
貸した資金から得られる利息			
受け取った手数料	→	受取手数料	
商品の仕入れ	→	仕　入	
固定電話代			
携帯電話代	→	通信費	
郵便切手代			
広告代	→	広告宣伝費	
電気代			
水道代	→	水道光熱費	
ガス代			
支払った家賃	→	支払家賃	費　用
借金に伴う利息	→	支払利息	
電車代	→	旅費交通費	
バス代			
支払った手数料	→	支払手数料	
健康保険料（会社負担分）	→	法定福利費	
厚生年金保険料（会社負担分）			
固定資産税	→	租税公課	
自動車税			

用語の整理

1．簿記上の取引は（　①　）を増減させる，（　②　）を発生させる経営活動である。したがって商品購入の発注は取引に該当（　③　）。

2．簿記上の取引として識別する際に，（　①　）できる点は特に重要である。

3．簿記上の取引は，一般的に（　①　）の3つに分類される。

4．損益取引は（　①　）取引である。

5．交換取引とは収益・費用を発生させない（　①　）の取引である。

6．8つの取引要素のうち，借方は（　①　），貸方は（　②　）である。

7．取引は2つの側面からとらえることができる，という特性を（　①　）という。この両

者の関係は，（　②　），あるいは（　②　）という関係にあるといえる。

8. 勘定口座が設置されている帳簿を（　①　）という。

9. 取引の記録・計算の単位を（　①　），それに付けられた名称を（　②　），取引内容を具体的に記入する場所を（　③　）という。すべての（　③　）は（　④　）に集められている。

解　答

1	①資産，負債，純資産，②収益，費用，③しない
2	①貨幣額で評価
3	①交換取引，損益取引，混合取引
4	①収益と費用を発生させる
5	①資産・負債・純資産間
6	①資産の増加，負債の減少，純資産の減少，費用の発生，②資産の減少，負債の増加，純資産の増加，収益の発生
7	①取引の二重性，②原因と結果，手段と目的
8	①総勘定元帳
9	①勘定，②勘定科目，③勘定口座，④総勘定元帳

練習問題　EXERCISE

（1）次の取引は，8つの取引要素のどれに関わる取引であるか，記号で答えなさい。

　　　　A．資産の増加　　　B．資産の減少　　　C．負債の増加　　D．負債の減少

　　　　E．純資産の増加　　F．純資産の減少　　G．費用の発生　　H．収益の発生

① 銀行から現金￥100,000 を借り入れた。

② 銀行から借り入れている￥100,000 のうち，￥50,000 を現金で返済した。

③ 従業員に給料￥200,000 を現金で支払った。

④ コンピュータ￥100,000 を購入し，現金で支払った。

①	②	③	④

（2）次の具体的事象に適切な勘定科目を示し，また資産，負債，純資産のいずれに該当するかを答えなさい。

	勘定科目	資産 or 負債 or 純資産
金庫にある定期預金証書		
営業用のトラック		
金庫の中の紙幣		
銀行からの借金		
応接セット		
営業用の倉庫		

（3）それぞれの具体的取引に適切な勘定科目名と収益，費用のどちらに該当するか答えなさい。

	勘定科目	収益 or 費用
販売手数料の受取り		
雑誌の広告宣伝料の支払い		
電話代の支払い		
商品発送のための送料		
切手の代金		
給料の支払い		
利息の受取り		
家賃の受取り		
保険料の支払い		
水道料金の支払い		

（4）A社の×2年12月31日の資産，負債，純資産，収益，費用は以下のとおりである。これに基づいてA社の損益計算書と貸借対照表を完成させなさい。なお，A社の会計期間は×2年1月1日から×2年12月31日までである。

現　　　　金	￥71,000	受 取 手 数 料	￥63,000
貸　付　金	￥235,000	売　掛　金	￥407,000
買　掛　金	￥519,000	備　　　　品	￥124,000
資　本　金	￥？	借　入　金	￥250,000
支　払　利　息	￥3,000	給　　　　料	￥50,000
通　信　費	￥2,000	水 道 光 熱 費	￥1,000
建　　　　物	￥400,000	受 取 配 当 金	￥20,000
受　取　家　賃	￥10,000		

貸借対照表

A社　　　　　　　（　　　　　　　　　　　　　　　　　　　）　（単位：円）

資　　産	金　　額	負債および純資産	金　　額

損益計算書

A社　　　（　　　　　　　　　　　　　　　　　　　　）（単位：円）

費　　用	金　　額	収　　益	金　　額

第**5**回 仕訳の意義

1 仕訳の意義

　第4回で学習したように，経営活動が簿記上の取引として識別されたら，適切な勘定を選択して，貸借と金額を決定する。しかし，取引を直接，勘定口座に記入した場合，勘定口座への記入の際に取引を分解するので取引全体の記録がなく，取引内容を把握することができない。またその記帳の内容が誤っていた場合，証憑書類と照合するべき取引ごとの記録が存在しないため該当箇所を発見することが困難となる。

　以上の問題を避けるために，発生順に取引全体を記帳する必要がある。記帳する内容を決定することを**仕訳**という（記帳された内容自体を指す場合もある）。仕訳の記帳を，仕訳する，仕訳を行う，あるいは仕訳を切るという。取引発生順に仕訳を記帳する帳簿を**仕訳帳**という。

　以下で説明するように，仕訳を切る際に，取引は借方の取引要素と貸方の取引要素に分解され，それぞれに取引金額が記入されるが，**個々の取引において**借方に記入された金額の合計額と貸方に記入された金額の合計額は一致しなければならない。これを**貸借複記の原則**，あるいは**取引複記の原則**という。

2 仕訳の方法

仕訳を切るための手続きは以下のとおりである。

① 取引に該当するかどうかを判断するために，経営活動の内容を理解して，取引であることを示す事柄を見つける。
② それぞれの事柄に当てはまる勘定を第4回（18ページと19ページ）の表などから選択する。
③ 8つの取引要素から各勘定が借方なのか貸方なのかを決める。
④ 各勘定の金額を確認する。

ここで，次の取引の仕訳を切ってみよう。

机￥100,000を購入し，代金は現金で支払った。

この取引を上記の手続きに従って分析すると次のようになる。なお机を計上するための勘定は備品である。

① 机という資産が増加して，現金という資産が減少しているので取引に該当している。

② 18ページの表から，机は資産の備品勘定に，現金は資産の現金勘定に該当する。

③ 机の購入は資産の増加なので借方，現金による支払いは資産の減少なので貸方である。

④ 借方の勘定と貸方の勘定のそれぞれの金額は¥100,000である。

以上の分析の結果，

      備　　　品　　　100,000　　/　　現　　　金　　　100,000

という仕訳を切る。

例題 5−1 次の取引を仕訳しなさい。

（1）トラック¥2,000,000を購入して，代金は現金で支払った。

（2）銀行から現金¥300,000を借り入れた。

解答

（1）　車両運搬具　2,000,000　/　現　　　金　2,000,000

（2）　現　　　金　　300,000　/　借　入　金　　300,000

解説 以下の手順で取引を分析して仕訳を切る。

（1）① トラックという資産の増加，現金という資産の減少から取引に該当する。

② 18ページの表から，トラックは資産の車両運搬具勘定に，現金は資産の現金勘定に該当する。

③ トラックの購入は車両運搬具勘定の増加なので借方，現金による支払いは現金勘定の減少なので貸方である。

④ 車両運搬具勘定の金額は¥2,000,000，現金勘定の金額は¥2,000,000である。

（2）① 現金という資産の増加，借入れという負債の増加から取引に該当する。

② 18ページの表から，現金は資産の現金勘定に，借入れは負債の借入金勘定に該当する。

③ 現金の入手は現金勘定という資産の増加なので借方，借入れは借入金勘定の増加なので貸方である。

④ 現金勘定の金額は¥300,000，借入金勘定の金額は¥300,000である。

3 仕訳帳

　仕訳を記入する帳簿を**仕訳帳**といい，総勘定元帳とともに簿記には必須の**主要簿**である。仕訳帳には，取引の発生順に仕訳が記入される。仕訳帳には「日付」，「摘要」，「元丁」，「借方」・「貸方」欄が設定されている。個々の取引の記入の方法は以下のとおりである。

仕　訳　帳　　　　　　　　　　　10

日付		摘　　要	元丁	借　方	貸　方
5	1	前頁繰越		15,000,000	15,000,000
	15	（備　　品）	4	100,000	
		（現　　金）	1		100,000
		現金払いによる備品の購入			
	25	（給　　料）　諸　　口	15	500,000	
		（現　　金）	1		450,000
		（預　り　金）	9		50,000
		現金による給料の支払い			
	26	諸　　口　（備　　品）	4		200,000
		（現　　金）	1	15,000	
		（減価償却累計額）	12	150,000	
		（固定資産売却損）	19	35,000	
		備　品　の　売　却			
		次頁繰越		15,800,000	15,800,000

・日付欄には，取引の発生日を記入する。
・摘要欄には，勘定科目と仕訳の概要を簡潔に表す小書きを記入する。記入する勘定科目には（　）を付ける。
・元丁欄には，総勘定元帳で各勘定口座に設定された番号またはページ番号を記入する。
・借方・貸方欄には，各勘定の金額を記入する。
・5月25日と26日の取引のように，勘定が複数の場合は一番上の行に諸口と記入する。
・通常は借方を先に記入するが，5月26日の取引のように，借方の勘定が2つ以上あり，貸方が1科目の場合は，貸方の勘定を先に記入する。

　ページの行が埋まってしまったら，次のページへ引き継ぐ（これを**繰越**という）必要がある。この手続きであるが，ページの最初は，仕訳帳の前のページから金額が繰り越されるので，ページの最初の行の摘要欄に**前頁繰越**を，金額欄には前ページの合計額を記入する（ここでは¥15,000,000）。そのページの記入欄が終わってしまい，次ページに繰り越す場合は，最後に記入した取引の下に区切り線を引き，次の行に**次頁繰越**と記入する。借方欄と貸方欄には，それぞれの合計額を記入して（ここでは¥15,800,000），行の上に**合計線**（単線）を，下に**締切線**（二重線）を記入する。

用語の整理

1. 仕訳を記入する帳簿を（　①　）といい，（　②　）とともに簿記に必須の（　③　）である。

2. 仕訳帳の元丁欄には，総勘定元帳での（　①　），あるいは（　①　）が記入される。

3. 仕訳帳の記入において，複数の勘定科目を記入する場合，最初の勘定科目の上に（　①　）と記入する。

4. 仕訳帳の記入は，通常は借方からだが，貸方の勘定科目が１つで借方が複数の場合は（　①　）から始める。

5. 次ページに繰り越す時，借方と貸方の合計額の上には合計線である（　①　）を，下には締切線である（　②　）を記入する。

解　答

1	①仕訳帳，②総勘定元帳，③主要簿
2	①設定された番号，ページ番号
3	①諸口
4	①貸方
5	①単線，②二重線

練習問題 EXERCISE

以下の取引を分析して下記の表を埋めなさい。なお，①は借方，②は貸方とする。

1. A社から現金￥400,000を借り入れた。

2. 倉庫￥10,000,000の引渡しを受け，代金を現金にて支払った。

3. 郵便切手￥3,000を購入し，現金にて支払った。

4. 土地を借りる際の手数料￥80,000を現金で支払った。

5. 現金￥300,000を普通預金口座に預け入れた。

		1	2	3	4	5
取引要素	①					
	②					
勘　定	①					
	②					
金　額	①					
	②					

26

第**6**回 総勘定元帳への転記

1 転記の手続き

　仕訳された取引は仕訳帳に記入されるが，最終的に財務諸表を作成するために勘定口座ごとに集計する必要がある。仕訳帳の記入内容を総勘定元帳の各勘定口座へ移動することを**転記**という。たとえば現金勘定の勘定口座の形式は以下のとおりである。

総　勘　定　元　帳

現　　金　　　　　　　　　1

日　付	摘　　　要	仕丁	借　　　方	日　付	摘　　　要	仕丁	貸　　　方

　日付欄には取引が発生した月日を，摘要欄には現金を増減させた原因である勘定（これを**相手勘定**という）を，仕丁欄には仕訳帳の番号またはページ番号を，借方・貸方の欄には金額を記入する。「貸方」の上にある数字（ここでは「1」）は各勘定口座に設定された番号またはページ番号で，仕訳帳の「元丁」欄にはこの数字を記入する。
　しかし簿記を学習する際には上記の正式な勘定口座を使わず，以下の略式のT字勘定（通称，T勘）を使用する。記載内容は変わらないが仕丁欄は省略される。また元丁番号を書かない場合もある。

勘定科目　　　　　　　　元丁番号

取引日	相手勘定	金　　額	取引日	相手勘定	金　　額

具体例を使って転記を説明する。

> **5月10日　机¥100,000を購入し，代金は現金で支払った。**
> **5月12日　借入金¥10,000を現金にて返済した。**

それぞれの取引を仕訳すると次のとおりである。

5月10日　　備　　　品　100,000　/　現　　　金　100,000
5月12日　　借　入　金　　10,000　/　現　　　金　　10,000

以上の仕訳の内容から，転記に必要な手続きは以下のとおりである。

5月10日　　　　備品勘定の借方に，相手勘定科目は現金勘定，金額¥100,000
　　　　　　　　現金勘定の貸方に，相手勘定科目は備品勘定，金額¥100,000
5月12日　　　　借入金勘定の借方に，相手勘定科目は現金勘定，金額¥ 10,000
　　　　　　　　現金勘定の貸方に，相手勘定科目は借入金勘定，金額¥ 10,000

以上の取引を正式な勘定口座の様式に記入すると以下のとおりとなる。

現　　　金　　　　　　　　　1

日	付	摘　　　要	仕丁	借　　方	日	付	摘　　　要	仕丁	貸　　方
					5	10	備　　　品	5	100,000
						12	借　入　金	9	10,000

備　　　品　　　　　　　　　5

日	付	摘　　　要	仕丁	借　　方	日	付	摘　　　要	仕丁	貸　　方
5	10	現　　　金	1	100,000					

借　入　金　　　　　　　　　9

日	付	摘　　　要	仕丁	借　　方	日	付	摘　　　要	仕丁	貸　　方
5	12	現　　　金	1	10,000					

また，以上の仕訳をT字勘定に記入すると，以下のとおりである。

```
        現      金        1              備      品        5
            5/10 備  品 100,000    5/10 現  金 100,000
              12 借入金  10,000

                                          借  入  金        9
                                    5/12 現  金  10,000
```

なお，相手勘定が複数の場合は，相手勘定の部分に**諸口**と記入する。

例題 6-1

以下の取引を各勘定に転記せよ。

　6月2日　現金 ¥ 4,000,000 を借り入れた。

現　　金	（　　　　　）

解　答

現　　金	（ 借 入 金 ）
6/2 借入金 4,000,000	6/2 現　金 4,000,000

解　説　仕訳は以下のとおり。

　　現　　金　　　　4,000,000　/　借 入 金　　　　4,000,000

転記に必要な分析は以下のとおりである。

　　借入金勘定の貸方に，相手勘定は現金，金額は 4,000,000 を記入

　　現金勘定の借方に，相手勘定は借入金，金額は 4,000,000 を記入

例題 6-2

次の仕訳を転記しなさい。

4月15日	借 入 金	100,000	/	現　　金	102,000
	支 払 利 息	2,000	/		

現　　金	借 入 金

	支 払 利 息

解　答

現　　金	借 入 金
4/15 諸　口 102,000	4/15 現　金 100,000

	支 払 利 息
	4/15 現　金 2,000

| 解　説 | この仕訳の内容から転記に必要な手続きは以下のとおりである。取引は以下のように分析できる。 |

　　　・現金勘定の貸方に，相手勘定は借入金勘定と支払利息勘定と複数なので諸口，金額は 102,000 を記入

　　　・借入金勘定の減額なので借方に，相手勘定は現金勘定，金額は 100,000 を記入

　　　・支払利息勘定の借方に，相手勘定は現金勘定，金額は 2,000 を記入

　以上の内容を各勘定口座に，「日付，相手勘定，金額」の順で記入する。

2　勘定における計算

　　勘定を使った計算（加算・減算）に，初学者は少し戸惑うかもしれない。一般的な引き算は引く数を引かれる数から直接，取り去るという計算をするが，簿記においては勘定を使っているため異なる方法をとる。勘定においては，四則演算のように直線的，直接的に計算するのではなく，借方，貸方という 2 面を使って計算する。この計算に慣れることが，簿記上達への第一歩といえる。

　　第 4 回で学習したように，加算，減算する金額を記入する場所は勘定によって異なる。加算の場合は，資産・費用に属する勘定ではその数（金額）を借方に記入し，負債・純資産・収益に属する勘定では貸方に記入する。一方，減算の場合，資産・費用に属する勘定では貸方にその数（金額）を記入し，負債・純資産・収益に属する勘定では借方に記入する（収益と費用は取引の取消を意味する）。つまり，減算（加算）は加算（減算）の際の記入場所の反対側に記入する。なお，借方と貸方それぞれに記入された金額を比べ，多い金額から少ない金額を差し引いた結果を**残高**という。

資産・費用		負債・純資産・収益	
増加	減少	減少	増加

　　たとえば，¥50（借方に残高）に¥20 を加算する場合と減算する場合の記入は以下のようになる。

加算の場合		減算の場合	
50		50	20
20			

上記の例の場合の残高の計算は以下のとおり。

　　　　　　加算の場合　　　　　　　　　　　　　減算の場合

借方（¥50 ＋¥20）－貸方（¥0）＝¥70　　　借方（¥50）－貸方（¥20）＝¥30

例題 6-3	以下の現金勘定の取引をＴ字勘定に日付とともに記帳すると同時に取引日ごとの残高を計算しなさい。

5月1日　￥50入金
5月2日　￥40入金
5月3日　￥30出金
5月4日　￥60入金
5月5日　￥20入金
5月6日　￥40出金

現　金

残　高	
5月1日	
5月2日	
5月3日	
5月4日	
5月5日	
5月6日	

解答

現　金

5/1	50	5/3	30
2	40	6	40
4	60		
5	20		

残　高	
5月1日	50
5月2日	90
5月3日	60
5月4日	120
5月5日	140
5月6日	100

3 貸借平均の原理

　第5回で説明したように，個々の取引において借方に記入された金額の合計額と貸方に記入された金額の合計額は一致しなければならない（貸借複記の原則，あるいは取引複記の原則）。したがって，総勘定元帳に設定されたすべての勘定口座の借方に記入された金額の合計額と貸方に記入された金額の合計額は常に一致する。これを**貸借平均の原理**といい，複式簿記が成立するための基礎である。また，第16回で学習する試算表に備わっている自己検証機能の前提は貸借平均の原理である。

用語の整理

1．総勘定元帳に設定されたすべての勘定口座の，借方に記入された金額の合計額と貸方に記入された金額の合計額は常に一致する。これを（　①　）という。
2．勘定記入において，相手勘定が複数の場合，（　①　）と記入する。
3．勘定において多い方の金額から少ない方の金額を差し引いた結果を（　①　）という。
4．通常，借方に残高が発生する勘定において加算する場合は（　①　）に記入し，減算する場合は（　②　）に記入する。
5．仕訳帳に記入された金額を総勘定元帳にある各勘定口座に移すことを（　①　）という。

解　答

1	①貸借平均の原理
2	①諸口
3	①残高
4	①借方，②貸方
5	①転記

練習問題 EXERCISE

（1）次の取引を仕訳し，元帳に転記しなさい。

7月5日　中古のビル¥200,000を購入し，現金で支払った。

12日　銀行から現金¥300,000を借り入れた。

15日　水道代¥3,000を現金にて支払った。

25日　テナントから家賃¥15,000を現金にて受け取った。

30日　借入金の利息¥3,000を現金にて支払った。

7月5日	/
12日	/
15日	/
25日	/
30日	/

現　　金 ／ 借　入　金

建　　物 ／ 受取家賃

水道光熱費 ／ 支払利息

（2）①以下の取引を各勘定口座に記帳しなさい。②取引ごとの現金勘定の残高を計算しなさい。なお，5月1日の現金残高は¥1,000,000である。

5月2日　家賃¥40,000を現金で支払った。

5月3日　電気代¥10,000を現金で支払った。

5月4日　コンピュータ（備品勘定）¥200,000を購入して，代金は現金で支払った。

5月5日　電話代¥10,000を現金で支払った。

5月6日　手数料¥50,000を現金で受け取った。

現　　　金		支払家賃	
5/1　諸　口 1,000,000			

備　　　品		通　信　費	

水道光熱費		受取手数料	

②残高	
5月2日	
5月3日	
5月4日	
5月5日	
5月6日	

第Ⅱ部

期中取引

資金の調達

第7回 現　　金

1　簿記上の現金

　日常の生活において，現金という言葉は硬貨と紙幣（あわせて通貨と呼ぶ）を指すが，簿記では**通貨代用証券**という通貨以外のものも現金として扱われ，**現金勘定**（資産）で処理される。通貨代用証券とは，手数料なしで即座に（ただし，他人振出小切手の換金には若干の日時が必要である），表記されている金額の通貨に換金が可能な証券であり，**他人振出小切手，送金小切手，普通為替証書，国庫金送金通知書，配当金領収証**等が含まれる（小切手については第8回参照）。

2　現金出納帳の概要

　現金の出し入れ，すなわち収入と支出を記録する帳簿は**現金出納帳**(すいとうちょう)と呼ばれる。仕訳帳と総勘定元帳という簿記の仕組みが成り立つのに不可欠な帳簿を主要簿と呼ぶのに対して，現金出納帳等のように，特定の勘定の取引内容を詳しく記した帳簿を**補助簿**と呼ぶ。

　月単位で記録をまとめる現金出納帳への月初，期中，月末の記入の手続きは以下のとおりである。

現 金 出 納 帳

日	付	摘　　　要	収　　入	支　　出	残　　高
4	1	前月繰越①	② 500,000		② 500,000
	15	B社より売掛金を回収	200,000		700,000
	23	広告宣伝費支払い		150,000	550,000
	28	C株式会社より配当受取り 配当金領収証受領③	30,000		580,000
	30	次月繰越④		⑤ 580,000	
			730,000	730,000	
5	1	前月繰越⑥	⑦ 580,000		⑦ 580,000

a．月 初

・次の最初には，日付を「日付」欄に，前月から繰り越された金額②⑦を「収入」欄と「残高」欄に，月初の金額の意味である「前月繰越」①⑥を「摘要」欄に記入する。

b．期 中

・個々の取引の概要（通貨代用証券の場合はその旨③）を「摘要」欄に記入する。
・収入額を「収入」欄に，支出額を「支出」欄に記入する。
・取引ごとの残高を「残高」欄に記入する。

c．月 末

・当月最後の取引の次の行に，次月への繰越額⑤を「支出」欄に，その金額の意味である「次月繰越」④を「摘要」欄に記入し，「収入」欄と「支出」欄のそれぞれの合計額を計算し，金額の一致を確認する。
・「収入」欄と「支出」欄の合計額を記入して，合計額の上に合計線（単線），下に締切線（二重線）を記入する。なお，合計線は「摘要」欄以外の欄に引く。

例題 7-1　次のA社の取引を仕訳し，現金出納帳に記入しなさい。なお4月1日の前月繰越は¥120,000である。

　　　4月10日　今月分の家賃¥80,000を現金で支払った。
　　　　17日　B保険会社に保険料¥30,000を現金で支払った。
　　　　26日　C社から仲介手数料として，同社振出しの小切手¥150,000を受け取った。

現金出納帳

日　付	摘　　要	収　　入	支　　出	残　　高

解答

4月10日	支 払 家 賃	80,000	/	現　　　　金	80,000
17日	支 払 保 険 料	30,000	/	現　　　　金	30,000
26日	現　　　　金	150,000	/	受 取 手 数 料	150,000

日 付		摘　　　　要	収　　入	支　　出	残　　高
4	1	前月繰越	120,000		120,000
	10	家賃（4月分）支払い		80,000	40,000
	17	B保険会社に保険料支払い		30,000	10,000
	26	C社より仲介手数料受取り 小切手受領	150,000		160,000
	30	次月繰越		**160,000**	
			270,000	270,000	
5	1	前月繰越	160,000		160,000

3　現金過不足

1．概　要

　仕訳帳と補助簿である現金出納帳において，すべての取引の仕訳と記帳が漏れなく正確に行われていれば，実際の現金有高と帳簿上の現金残高は一致するはずである。しかし，仕訳が漏れている，記帳した金額・適用した勘定が正確ではない，盗難・紛失にあったが仕訳されていない，現金の確認に誤りがあった等の理由により実際有高と帳簿残高は一致しないことがある。

　そこで不一致が判明した時点で帳簿残高を**実際有高に修正**するために現金勘定を加減し，その額を**現金過不足勘定**に計上する。その後理由が判明次第，適切な勘定に振り替える（「振替」の意味については第21回参照）。しかし現金過不足勘定は**仮勘定**という正式な勘定が決まるまでの一時的な勘定なので，決算前に残高が残っていたら決算で適切な勘定に振り替えて**残高をゼロ**にする。以上を整理すれば，会計処理が必要になるのは，①不一致の判明，②不一致原因の判明，③決算である。

2．会計処理

①　不一致の判明

　帳簿残高と実際有高の間に不一致が発見されたら，帳簿残高が多い場合は現金勘定を減額し，逆に帳簿残高が少ない場合には現金勘定を増額し，実際有高に一致させる。

	帳簿残高＞実際有高	帳簿残高＜実際有高
不一致判明	現金過不足 ＊＊＊ ／ 現　　　金 ＊＊＊	現　　　金 ＊＊＊ ／ 現金過不足 ＊＊＊

②　不一致原因の判明

　その後，不一致の原因が判明した場合，その都度，適切な勘定科目に振り替える。

	費用の計上	収益の計上
原因判明	費用勘定 ＊＊＊ / 現金過不足 ＊＊＊	現金過不足 ＊＊＊ / 収益勘定 ＊＊＊

③ 決算

　期中に不一致の原因がわからず，決算前に現金過不足勘定が残っている場合がある。現金過不足勘定は仮勘定なので，第16回 **1** で説明する決算整理において，現金過不足勘定が貸方残の場合は**雑益勘定**（収益）に，借方残の場合は**雑損勘定**（費用）に振り替えて残高をゼロにする。

	借 方 残	貸 方 残
決　算	雑　　損 ＊＊＊ / 現金過不足 ＊＊＊	現金過不足 ＊＊＊ / 雑　　益 ＊＊＊

3．具体例

　ここで「期中に現金出納帳の残高が￥110,000であるのに対して実際の現金有高は￥100,000であったことが判明した。その後一部の原因（交通費￥3,000の記入漏れ）は判明したが，決算前に不一致が解消されなかった場合」を考えてみよう。

① 不一致の判明

　帳簿残高が￥110,000に対して実際有高が￥100,000と異なるが，その原因は不明である。この状況に対して，現金の帳簿残高を実際有高に修正するために貸方に現金勘定￥10,000を記入して，借方に差額の原因が不明であることを意味する現金過不足勘定￥10,000を記入する。

現 金 過 不 足　　10,000　　／　　現　　　　金　　10,000

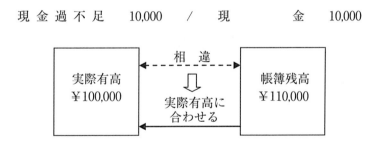

② 不一致原因の判明

　調査した結果，不一致の原因が判明した場合，適切な勘定に振り替える必要がある。原因は交通費の記入漏れと判明したので旅費交通費勘定に￥3,000を計上して現金過不足勘定を修正する。

旅 費 交 通 費　　3,000　　／　　現 金 過 不 足　　3,000

　その結果，以下のように現金過不足勘定は借方残￥7,000となる。

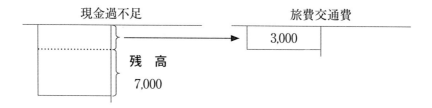

③ 決 算

　この例では現金過不足勘定が借方に¥7,000の残高があるので，現金過不足勘定をゼロにするために貸方に記入し，雑損勘定に振り替える。

　　　　　　雑　　　　損　　7,000　　/　　現 金 過 不 足　　7,000

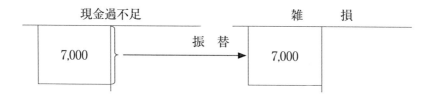

例題 7-2　次の一連の取引の仕訳を行いなさい。

（1）現金勘定の残高は¥88,500であるが，現金の実際有高は¥88,000であった。

（2）（1）で計上した現金過不足の原因について調査していたが，本日，交通費の支払いの記帳漏れが¥2,000あることが明らかとなった。

（3）受取手数料の記帳漏れ¥1,800が判明した。

（4）決算で現金過不足勘定の残高を適切な勘定に振り替えた。

解答

（1）	現 金 過 不 足	500	/	現　　　　　金	500
（2）	旅 費 交 通 費	2,000	/	現 金 過 不 足	2,000
（3）	現 金 過 不 足	1,800	/	受 取 手 数 料	1,800
（4）	雑　　　　損	300	/	現 金 過 不 足	300

解説

（1）現金の実際有高が帳簿上の残高よりも¥500少ないため，現金勘定の残高を実際有高に合わせるために，帳簿残高を減少させる仕訳を切る。

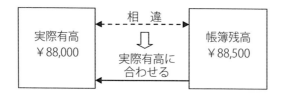

（2）旅費交通費勘定を計上し，現金過不足勘定を修正する。

（3）受取手数料勘定を計上し，現金過不足勘定を修正する。

（4）以上の修正の結果，期末で現金過不足勘定の残高が以下のように¥300の借方残なので，雑損勘定に振り替える。

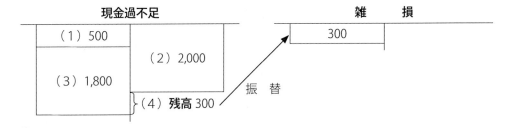

現金過不足			
（1）500	（2）2,000		
（3）1,800	｝（4）残高 300	振替	

雑　損	
300	

例題 7-3　以下の一連の取引を仕訳せよ。

（1）現金の実際有高が帳簿残高より¥38,000不足していたことが判明した。

（2）原因を調べたところ，電車代¥12,000，携帯電話使用料¥21,000および受領した手数料¥5,000の記入漏れが判明した。

（3）決算になり，残高は原因不明のため雑損として処理することにした。

解答

（1）	現 金 過 不 足	38,000	/	現　　　　　金	38,000
（2）	旅 費 交 通 費	12,000	/	現 金 過 不 足	33,000
	通 　信 　費	21,000			
	現 金 過 不 足	5,000	/	受 取 手 数 料	5,000
（3）	雑　　　　　損	10,000	/	現 金 過 不 足	10,000

解説　（3）期末の現金過不足勘定は¥10,000の借方残なので¥10,000を雑損に振り替える。

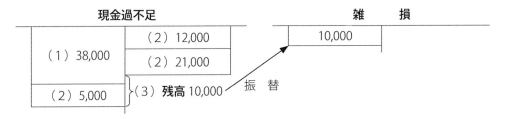

現金過不足			
	（2）12,000		
（1）38,000	（2）21,000		
（2）5,000	｝（3）残高 10,000	振替	

雑　損	
10,000	

用語の整理

1．通貨代用証券とは，（　①　）などで（　②　）勘定に計上される。

2．（　①　）とは簿記の仕組みが成り立つために不可欠な帳簿で，具体的には（　②　）である。それに対して，（　③　）は特定の勘定の取引内容を詳しく記録する帳簿である。

3．現金の帳簿残高と実際有高が一致しない場合，（　①　）に合わせる。

1	①他人振出小切手，送金小切手，普通為替証書，国庫金送金通知書，配当金領収証，②現金
2	①主要簿，②仕訳帳と総勘定元帳，③補助簿
3	①実際有高

仕訳の整理 現金過不足

	帳簿残高＞実際有高	帳簿残高＜実際有高
不一致判明	現金過不足 ＊＊＊ ／ 現 金 ＊＊＊	現 金 ＊＊＊ ／ 現金過不足 ＊＊＊

	費用の計上	収益の計上
原因判明	費用勘定 ＊＊＊ ／ 現金過不足 ＊＊＊	現金過不足 ＊＊＊ ／ 収益勘定 ＊＊＊

	借 方 残	貸 方 残
決 算	雑 損 ＊＊＊ ／ 現金過不足 ＊＊＊	現金過不足 ＊＊＊ ／ 雑 益 ＊＊＊

練習問題 EXERCISE

（1）次の一連の取引を仕訳しなさい。

4月18日　株式を保有しているB株式会社から配当金領収証￥12,000が送付されてきたので，ただちにこれを金融機関に持参して換金した。

5月25日　C社から手数料として￥850,000の送金小切手を受け取った。

6月30日　地代としてA社が振り出した小切手￥50,000を受け取った。

4月18日	／
5月25日	／
6月30日	／

（2）次のA社における一連の取引を仕訳しなさい。

7月14日　帳簿上の現金の残高が￥230,000と記録されていたが，実際有高は￥244,000であることが判明した。

8月8日　現金過不足の原因の一部が，受取利息￥13,000の記入漏れであることが明らかとなった。

12月31日　決算になっても現金過不足勘定の残高の発生理由が不明のままであった。

7月14日	/
8月8日	/
12月31日	/

資金の調達

第**8**回 当座預金，その他の預金

1 当座預金の概要

　日常の現金での決済のために会社内に多額の現金を常時保有することは盗難，紛失の危険性があるので避けるのが望ましい。そこで多くの会社では取引銀行に**当座預金口座**を設け，受け入れた現金はただちにここに預け入れるとともに，各種支払いの際には**小切手**を振り出して決済する方法を採用している。

　当座預金には，他の種類の預金とは異なり利息がつかない。それは，当座預金について銀行側がさまざまなサービスを提供するからである。なかでも小切手による代金の決済サービスは重要である。

　以下は小切手の実例である。

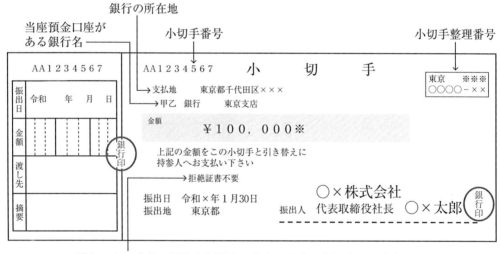

不渡りによる支払の拒絶を証明する文書がなくても振出人に請求できるという意味

2 小切手による決済プロセスと会計処理

1．概　要

　小切手の振出しから決済までの流れを，以下の「A社は当座預金口座を開設し，小切手を振り出してB社に修理代金を支払った」という例をもとに説明する。

小切手の振出しから決済までの流れ

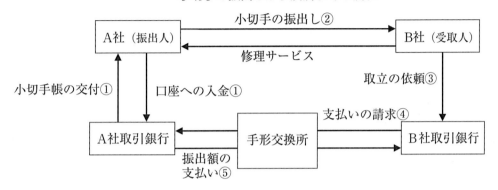

① A社は取引銀行と**当座勘定契約**を結び，口座を開設して**小切手帳**の交付を受け，現金を振り込む。

② A社はB社から修理サービスを受け，決済のために小切手を振り出す。

③ 小切手を受け取ったB社は，取引銀行に小切手の取立を依頼（**支払いのための呈示**という）する。

④ 依頼を受けたB社の取引銀行は，**手形交換所**を通してA社の取引銀行に支払を請求する。

⑤ 請求を受けたA社の取引銀行は，B社の取引銀行に振出額を支払い，決済が完了する。

　上記のように，小切手（および手形）による決済はそれぞれの会社の取引銀行間での取引である。なお，小切手は第15回で学ぶ手形とは異なり振出人が小切手の支払いを要求したらいつでも応じなければならないので，当座預金残高をもとに振り出される。支払いが請求された時に残高不足の場合はその小切手は**不渡り**になる。一度不渡りを出した会社が6ヵ月以内に再度不渡りを出した場合，その会社は手形交換所から銀行取引停止処分を受け，当座勘定などの取引ができなくなり，事実上の倒産に陥ってしまう。そのため，当座預金の残高の管理は非常に重要である。

2．会計処理

　当座預金の口座残高の変動を記録する勘定は**当座預金勘定**（資産）である。当座預金勘定が変動するのは，上記の決済プロセスの中では入金の①と小切手振出しの②である。

　ここで注意しなければならないことは，②の時点では実際の当座預金口座の残高は減少

していないが会計においては減少の処理をする，という相違である（実際に口座残高が減少するのは⑤）。したがって，以前に振り出した小切手が，取立依頼されずに支払手段として使われて会社に戻ってきた場合（この小切手を**自己振出小切手**という），過去の小切手の振出しを取り消すために当座預金勘定を増加させる。

| 例題 8–1 | 次のA社における取引を仕訳しなさい。 |

4月15日　C社への手数料￥100,000の支払いのために小切手（番号＃08）を振り出した。

25日　D社から家賃￥150,000を受け取った。なお，代金のうち￥100,000は4月15日振出しの小切手で，残額は現金で受け取った。

解答					
4月15日	支払手数料	100,000	/	当座預金	100,000
25日	現　金	50,000	/	受取家賃	150,000
	当座預金	100,000			

3　当座借越

1．概　要

　小切手の不渡りという事態は，資金事情の悪化ばかりでなく，単純な作業ミスから生じる場合もありうる。そこであらかじめ，資金事情が急激に悪化した場合に，あるいは単純ミスから生じる不測な事態に備え，いわば緊急対策としての資金調達手段が講じられる。これが**当座借越**という仕組みである。

　まず預金者である会社と銀行の間で，会社の定期預金や有価証券等を担保にして，当座借越契約（銀行側にとっては当座貸越契約）を結ぶ。当座借越契約を結ぶと，契約が認めている範囲内において，預金者は当座預金口座の残高を超えた金額の小切手を振り出すことができる。契約により通常と変わりなく小切手の振出しはできるが，当座預金口座の残高はマイナスなので，実質的には銀行からの借入れである。

2．会計処理

　当座借越の会計処理が必要になるのは①決算と②翌期首である。

①　決　算

　決算になり当座預金勘定の残高が貸方である場合，決算整理として銀行からの借入れを意味する**当座借越勘定**（負債）あるいは**借入金勘定**（負債）に振り替える。なお，当座預金は資産であるが，当座預金勘定は貸方にも残高が発生し，負債も意味する。このように複数の要素を持つ勘定のことを**混合勘定**という。

決 算	当座預金	＊＊＊	／	当座借越	＊＊＊		
	あるいは						
	当座預金	＊＊＊	／	借 入 金	＊＊＊		

② 翌期首

翌期首になったら**再振替仕訳**（決算で切った仕訳の逆仕訳）を切る。

翌期首	当座借越	＊＊＊	／	当座預金	＊＊＊		
	あるいは						
	借 入 金	＊＊＊	／	当座預金	＊＊＊		

例題 8-2

以下の一連の取引を仕訳せよ。ただし，（1）の取引前の時点での当座預金口座の残高は￥200,000であり，借入限度額￥500,000の当座借越契約を結んでいる。

（1）営業車￥500,000を購入し，代金は小切手を振り出して支払った。

（2）決算になったので必要な手続きをとった。

（3）翌期首において再振替仕訳を行った。

解 答

（1）車両運搬具　500,000　／　当座預金　500,000

（2）当 座 預 金　300,000　／　当座借越　300,000
　　　　　　　　　　あるいは
　　　当 座 預 金　300,000　／　借 入 金　300,000

（3）当 座 借 越　300,000　／　当座預金　300,000
　　　　　　　　　　あるいは
　　　借 入 金　300,000　／　当座預金　300,000

解 説　（2）決算前の当座預金勘定の残高は貸方残で当座借越なので，当座借越勘定か借入金勘定に振り替える。

4 当座預金出納帳

　当座預金勘定は，今回学習する小切手の振出し，第13回で学習する約束手形の決済，現金や他の預金からの振込みにより増加，減少するが，当座預金に関する取引の詳細な記録は**当座預金出納帳**と呼ばれる補助簿に記帳される。例題8－1を当座預金出納帳に記入すると次のようになる。なお，月初の当座預金残高は￥200,000である。

当座預金出納帳

日 付		摘　　　要	小切手番号	預　　入	引　　出	借または貸	残　　高
4	1	前 月 繰 越		200,000		借	200,000
	15	C社への手数料支払い	♯08		100,000	〃	100,000
	25	D社からの家賃受取り	♯08	100,000		〃	200,000
	30	次 月 繰 越			200,000		
				300,000	300,000		
5	1	前 月 繰 越		200,000		借	200,000

　当座預金出納帳の形式は現金出納帳に似ているが，「借または貸」欄の部分が大きな違いである。これは当座預金残高の状態を表す。「借」は当座預金勘定が借方残，つまり当座預金に残高があることを示す。一方の「貸」は当座預金勘定が貸方残，つまり当座借越の状態にあることを示す。その場合，残高欄の金額にはマイナスを意味する記号（−，△，あるいは▲）はつけず，「借／貸」欄に「貸」と記入する。

5　その他の預金

　会社は当座預金以外の口座種目である普通預金や定期預金の口座を銀行に開設することがあるが，それらを管理するために総勘定元帳に口座種目を勘定科目とする勘定を設定する。複数の銀行で同じ口座種目の口座を開設している場合は，管理のために口座種目の後に銀行名を加えて勘定科目を設定する（たとえば，「普通預金A銀行」，「普通預金B銀行」など）。

例題8-3　次のA社における取引を仕訳しなさい。なお，預金の勘定科目には銀行名を入れること。

　2月18日　現金¥150,000をB銀行の普通預金口座に預け入れた。

　3月28日　C銀行におけるA社の定期預金¥500,000が満期となったため，解約して利息¥1,000とともに同行のA社名義の普通預金口座に預け替えた。

解答　2月18日　普通預金B銀行　150,000　／　現　　　　金　150,000

　　　　3月28日　普通預金C銀行　501,000　／　定期預金C銀行　500,000

　　　　　　　　　　　　　　　　　　　　／　受 取 利 息　　　1,000

【用語の整理】

　1．当座借越契約は，実質的には自動的に（　①　）を行う契約である。

　2．支払いが請求された時に当座預金残高が不足している場合，その小切手は（　①　）になる。

3．当座預金出納帳の「借または貸」の欄が「（　①　）」の場合は，借入れをしている状況を意味していて，金額の前にマイナスを意味する記号は（　②　）。

4．小切手との関係で当座預金勘定を減額させるのは（　①　）時である。

5．以前に当社が振り出した小切手が取立依頼されずに戻ってきた場合，その小切手のことを（　①　）といい，当座預金勘定は（　②　）させる。

解 答

1	①借入れ
2	①不渡り
3	①貸，②つけない
4	①小切手を振り出した
5	①自己振出小切手，②増加

仕訳の整理　当座借越

決 算	当座預金	＊＊＊	/	当座借越	＊＊＊
			あるいは		
	当座預金	＊＊＊	/	借 入 金	＊＊＊
翌期首	当座借越	＊＊＊	/	当座預金	＊＊＊
			あるいは		
	借 入 金	＊＊＊	/	当座預金	＊＊＊

練習問題　EXERCISE

（1）次のA社における取引を仕訳しなさい。

10月24日　C社から受け取った現金￥200,000を当座預金口座に預け入れた。

28日　B社へ広告宣伝費￥30,000を小切手を振り出して支払った。

31日　D社から手数料￥50,000を当社振出しの小切手で受け取った。

10月24日	/
28日	/
31日	/

（2）次のA社における取引を仕訳しなさい。

8月1日　当座預金口座に現金￥500,000を預け入れた。

8日　事務所の家賃￥140,000を支払うために小切手を振り出した。

13日　手数料として相手先振出しの小切手￥200,000を受け取った。

19日　手数料￥100,000を受領するために相手先振出しの小切手を受け取り，た

だちに当座預金口座へ預け入れた。

26日　普通預金口座から¥80,000を当座預金口座に預け替えた。

8月1日	/
8日	/
13日	/
19日	/
26日	/

（3）次のA社における取引について仕訳および当座預金勘定への転記をしなさい。

　　　10月14日　B銀行に当座預金口座を開設し，現金¥500,000を預け入れた。なお同時に，同行と¥2,000,000を限度とする当座借越契約を締結した。

　　　　　20日　事務所の家賃¥300,000を支払うために小切手を振り出した。

　　　　　21日　定期預金¥100,000が満期となったため，利息¥2,000とともに当座預金口座に預け替えた。

　　　　　22日　事務用備品¥70,000を購入し，代金は小切手を振り出して支払った。

　　　　　23日　営業用トラック¥1,000,000を購入し，代金は小切手を振り出して支払った。

　　　　　25日　電気料金¥13,000について，小切手を振り出して支払った。

　　　　　26日　売掛金¥980,000を相手先振出しの小切手で回収し，ただちに当座預金口座に預け入れた。

　　　　　27日　買掛金¥110,000の支払いのために小切手を振り出した。

　　　　　28日　借入金¥480,000を利息¥14,000とともに，かねて受け取っていた相手先振出しの小切手¥400,000と新たに小切手を振り出して返済した。

　　　　　29日　手数料として現金¥100,000と相手先振出しの小切手¥700,000を受け取り，小切手はただちに当座預金口座に預け入れた。

10 月 14 日	/
20 日	/
21 日	/
22 日	/
23 日	/
25 日	/
26 日	/
27 日	/
28 日	/
29 日	/

当 座 預 金

（4）以下の取引を仕訳しなさい。

① 定期預金 ¥ 10,000 が満期を迎えたので，利息 ¥ 500 とともに普通預金口座に預け替えた。

② 家賃 ¥ 100,000 を小切手を振り出して支払った。ただし，当座預金勘定の残高は ¥ 30,000 で， ¥ 500,000 を限度とする当座借越契約を結んでいる。

③ 売掛金 ¥ 10,000 の回収に際して得意先振出しの小切手で受け取り，ただちに当座預金口座に預け入れた。

①	- / -
②	/
③	/

資金の調達

第**9**回 ２種類の資金調達方法

1 株式の発行

１．概　要

　株式会社が株式を**発行**するのは，①株式会社の設立と②増資の時である。株式会社の**設立**における株式の発行は，そもそも株式会社は財産がなければ活動できない上に，取引先からの信用が得られないため，株式会社の設立に必須の要件である。一方の**増資**は新たな活動資金を調達するための**新株発行**である。なお，証券取引所に上場している会社においては，発行された株式は証券取引所で売買されるが（これを**流通**という），株式の発行と流通には，会社が株主と直接取引をするのではなく証券会社等が仲介する。

株式の発行と流通

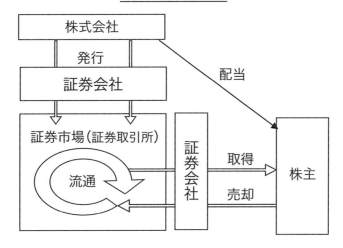

２．会計処理

①　設　立

　会社を作ることを設立という。株式会社は設立にあたり株式を発行して経営活動のための資金を調達するが，原則として，出資を引き受けた人から払い込まれた金額の全額が**資本金勘定**（純資産）に計上される。

設　立	普通預金	＊＊＊	／	資　本　金	＊＊＊

② 新株発行による増資

　新株発行による増資における会計処理は設立と同様で，原則として，払い込まれた金額の全額が資本金勘定（純資産）に計上される。

増　資	当座預金　　　＊＊＊　／　資　本　金　　　＊＊＊

例題 9−1

（1）1株当たり¥50で300株の株式を発行し，合計¥15,000の払込みを受けて株式会社を設立した。払込金はすべて普通預金口座に預け入れられた。

（2）1株当たり¥80で500株の株式を発行し，合計¥40,000の払込みを受けて増資した。払込金はすべて当座預金口座に預け入れられた。

解答

（1）　普通預金　　　15,000　／　資　本　金　　　15,000

（2）　当座預金　　　40,000　／　資　本　金　　　40,000

解説

（1）発行価額（¥50）と発行株式数（300）を掛けた結果である¥15,000の当座預金勘定と資本金勘定が増加する。

（2）発行価額（¥80）と発行株式数（500）を掛けた結果である¥40,000の当座預金勘定と資本金勘定が増加する。

2　借入金と貸付金

1．意　義

　株式の発行以外に株式会社が資金を調達する方法に第三者からの借入れがある。金融機関などによる証書貸付がその例である。株式とは異なり返済の義務があり，資金を借り入れたことへの対価である利息が発生する。借入れ（貸付け）に関わる会計処理が必要となるのは①借入れ（貸付け）と②返済（回収）である。

2．会計処理

① 借入・貸付

　証書貸付等による借入れについては，振り込まれた金額を**借入金勘定**（負債）に計上する。一方，貸付けについては，振り込んだ金額を**貸付金勘定**（資産）に計上する。

借入れ	普通預金　　　＊＊＊　／　借　入　金　　　＊＊＊
貸付け	貸　付　金　　　＊＊＊　／　普通預金　　　＊＊＊

② 返済・回収時

　返済については，返済した金額だけ借入金勘定を減額し，くわえて，借入れの対価として支払った利息を**支払利息勘定**（費用）に計上する。一方の回収については，回収した金額だけ貸付金勘定を減額し，貸付けの対価として受け取った利息を**受取利息勘定**（収益）に計上する。なお利息の支払い（受取り）は，返済（回収）時ではなく，借入（貸付）時に計上する場合もある。

返　済	借 入 金	＊＊＊	普通預金	＊＊＊
	支払利息	＊＊＊		
回　収	普通預金	＊＊＊	貸 付 金	＊＊＊
			受取利息	＊＊＊

例題 9-2　次の取引を仕訳しなさい。

（1）　A 銀行から¥ 2,000,000 を借り入れ，利息¥ 80,000 を差し引かれた残額が普通預金口座に振り込まれた。

（2）－1　Y 株式会社に対して¥ 1,200,000 を期間 3 ヵ月間，年利率 4％で貸し付けた。その際に，小切手を振り出した。

（2）－2　Y 株式会社への貸付金の満期日が到来したので，利息を含めた金額の同店振出しの小切手を受け取った。

（3）　取引銀行から借り入れていた¥ 1,000,000 の支払期日が到来したため，利息とともに普通預金口座から返済した。なお，借入れに伴う利率は年 1.46％であり，借入期間は 50 日であった。

解答

（1）	普通預金	1,920,000	借 入 金	2,000,000
	支払利息	80,000		
（2）－1	貸 付 金	1,200,000	当座預金	1,200,000
（2）－2	現　金	1,212,000	貸 付 金	1,200,000
			受取利息	12,000
（3）	借 入 金	1,000,000	普通預金	1,002,000
	支払利息	2,000		

解説

（2）－2　借入期間が月数で示されているので（これを月割計算という），利息の計算は「利息＝元金×利率×月数÷12」の算式に当てはめて計算する。本問の場合，¥ 1,200,000 × 0.04 × 3 ÷ 12 ＝¥ 12,000 となる。

（3）　借入期間が日数で示されているので（これを日割計算という），利息の計算は「利息＝元金×利率×日数÷365」となる。本問の場合，¥ 1,000,000 × 1.46％× 50 ÷ 365 ＝¥ 2,000 となる。

用語の整理

1. 株式により資金を調達するタイミングは（　①　）と（　①　）である。

2. 借入れにより発生する利息は，資金を利用することに対する（　①　）である。

解　答

1	①設立，増資
2	①対価

仕訳の整理

株式の発行

設　立	普通預金	＊＊＊	/	資　本　金	＊＊＊
増　資	当座預金	＊＊＊	/	資　本　金	＊＊＊

証書貸付

借　入	普通預金	＊＊＊	/	借　入　金	＊＊＊
返　済	借　入　金 支払利息	＊＊＊ ＊＊＊	/	普通預金	＊＊＊
貸　付	貸　付　金	＊＊＊	/	普通預金	＊＊＊
回　収	普通預金	＊＊＊	/	貸　付　金 受取利息	＊＊＊ ＊＊＊

練習問題　EXERCISE

以下の取引を仕訳せよ。

① 1株当たり¥200で400株の株式を発行し，全額の払込みを受けて株式会社を設立した。払込金はすべて普通預金口座に預け入れられた。

② 1株当たり¥1,200で500株の株式を発行し，全額の払込みを受けて増資した。払込金はすべて当座預金口座に預け入れられた。

③ a. 得意先に融資するために小切手¥500,000を振り出して渡した。

b. aの融資の返済期日が到来したので利息¥12,000とともに小切手で返済を受けた。

④ a. ¥1,500,000を年利4％で半年間貸し付けるために利息を差し引いた金額の小切手を振り出して渡した。

b. aの貸付けの全額を現金で回収した。

⑤ 取引銀行から¥2,000,000を利率は年2％で半年間，借り入れていたが，支払期日になったので利息とともに普通預金口座から返済した。

⑥ 取引銀行から借り入れていた¥5,000,000の支払期日が到来したので，元利合計を普通預金口座から返済した。なお，借入れに伴う利率は年7.3％であり，借入期間は100日であった。利息は1年を365日として日割計算する。

①		/
②		/
③	a	/
	b	--------------------------------- / ---------------------------------
④	a	--------------------------------- / ---------------------------------
	b	/
⑤		--------------------------------- / ---------------------------------
⑥		--------------------------------- / ---------------------------------

資金の運用
第10回 商品売買①

1 商品の意義

　物品を購入し，それを加工せずに消費者に販売する事業を小売業というが，小売業者が購入して販売する物品は**商品**といわれる。それでは小売業が販売した物品はすべて商品なのであろうか。売買された物品のすべてが商品とみなされないのなら，何をもって商品か否かを判別するのか。判断基準が必要となる。

　判断基準は「判断すべき物品の購入・販売が**主たる営業取引**に該当するか」である。主たる営業取引とは会社の主要な利益を生み出す経営活動のことで，いわゆる「本業」である。

　会社にとって主に何を購入・販売して利益を獲得するのかは事業内容との関係から決まる。ドラッグストアでは医薬品，スーパーマーケットでは食料品や日用品，自動車ディーラーでは自動車である。したがって，会社が購入・販売する物品がすべて商品として会計処理されるわけではない。

　PC販売会社の例をもとに説明すると，PC販売会社はPCの販売により利益を獲得する会社なので，PCの購入・販売は主たる営業取引に該当する。したがってPCは商品である。一方，PC販売会社が営業車を購入する，あるいは不要になった営業車を売却する場合，自動車の購入・売却は主たる営業取引ではないので，PC販売会社にとって自動車は商品ではない。

2 商品売買の会計処理

　商品売買取引の会計処理方法は複数存在するが，本書では一般的に採用されている**三分法**について説明する。三分法とは仕入れに対しては**仕入勘定**（費用），売上げに対しては**売上勘定**（収益），未販売の商品に対しては**繰越商品勘定**（資産）という3つの勘定を用いる方法である。この会計処理方法は3つの勘定を用いることから三分法と呼ばれる。期中に行われる仕入れと売上げの仕訳は以下のとおりである（なお繰越商品勘定は決算でのみ登場する勘定である（第17回参照））。

仕入れ	仕　　入	＊＊＊	/	普通預金	＊＊＊
売上げ	普通預金	＊＊＊	/	売　　上	＊＊＊

例題 10-1

8月1日　商品￥10,000を仕入れ，代金は小切手を振り出して支払った。

　　5日　1日に仕入れた商品すべてを￥12,000で売り上げ，代金は相手先振出しの小切手で受け取った。

解答

8月1日	仕　　入	10,000	/	当座預金	10,000
5日	現　　金	12,000	/	売　　上	12,000

解説　この仕訳の結果，仕入勘定と売上勘定の残高は次のようになる。

仕　　入	
10,000	

売　　上	
	12,000

　なお，一定期間にわたる売上高と売上げた商品を仕入れた時に支払った貨幣額（これを原価という）の合計額（これを**売上原価**という）との差額を**売上総利益**という。

3　仕入戻しと売上戻り

　仕入戻し・売上戻りとは，納入間違い等による商品の返品なので，仕入れ・売上げの取り消しである。したがって，会計処理は仕入れ・売上げの逆仕訳を切る。なお，当期の仕入額の合計を**総仕入高**といい，総仕入高から仕入戻しを差し引いた金額を**純仕入高**という。同様に，当期の売上額の合計を**総売上高**といい，総売上高から売上戻りを差し引いた金額を**純売上高**という。

例題 10-2

8月1日　商品500個を@￥100で仕入れ，代金は現金で支払った。

　　3日　1日に仕入れた商品のうち20個の品違いがあり返品し，返品分の代金を現金で受け取った。

　　5日　商品200個を@￥500で売り上げ，代金は現金で受け取った。

　　7日　5日に売り上げた商品のうち不良品のため10個が返品され，返品分の代金を現金にて支払った。

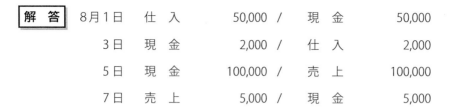

解 答	8月1日	仕　入	50,000	/	現　金	50,000
	3日	現　金	2,000	/	仕　入	2,000
	5日	現　金	100,000	/	売　上	100,000
	7日	売　上	5,000	/	現　金	5,000

解 説

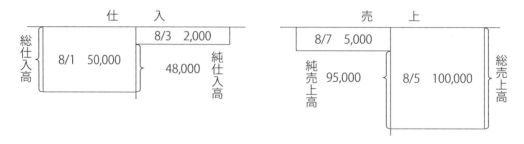

4 仕入諸掛・売上諸掛

1．意 義

　商品を売買する際に費用（付随費用）が発生する場合がある。仕入れの際に必要となった送料，関税，保険料等を**仕入諸掛**という。一方，売上げの際に支払った送料を**売上諸掛**という。

2．会計処理

①仕入諸掛

　仕入諸掛は仕入れに必須の付随費用なので商品の購入代価（本体価格）に**加算**して原価を計算する必要がある。そこで仕入諸掛を以下の仕訳により仕入勘定に計上する。

仕　入	＊＊＊	/	現　金	＊＊＊

②売上諸掛

送料は**発送費勘定**（費用）に計上する。

発 送 費	＊＊＊	/	現　金	＊＊＊

**例 題
10-3**

（1）D社から商品¥150,000（テレビ5台@¥30,000）を仕入れ，代金は小切手を振り出して支払った。また，引取運賃¥3,000を現金で支払った。

（2）商品を¥2,000,000で売り上げ，代金は相手先振出しの小切手で受け取った。また，発送費¥50,000を現金で支払った。

　（1）　仕　入　　　153,000　／　当座預金　　　150,000
　　　　　　　　　　　　　　　　　　　　　　現　金　　　　　3,000
　　　　　　（2）　現　金　　2,000,000　／　売　上　　2,000,000
　　　　　　　　　　発　送　費　　50,000　／　現　金　　　　50,000

　（1）仕入諸掛である引取運賃は仕入原価に含める。
　　　　　　（2）売上諸掛である送料は発送費勘定に計上する。

用語の整理

1．会社の主要な利益を生み出す物品の購入，販売という経営活動を（　①　）という。これに該当する物品は（　②　）として会計処理される。
2．三分法で商品売買を記帳する時に使用する勘定は，（　①　）である。
3．純売上高は総売上高から（　①　）を差し引いて計算する。
4．仕入諸掛は（　①　）勘定に計上し，売上諸掛は（　②　）勘定に計上する。
5．売上総利益＝（　①　）－（　②　）

1	①主たる営業取引，②商品
2	①仕入勘定，売上勘定，繰越商品勘定
3	①売上戻り
4	①仕入，②発送費
5	①売上高，②売上原価

仕訳の整理

三分法

仕入れ	仕　　　入	＊＊＊	／	普　通　預　金	＊＊＊
売上げ	普　通　預　金	＊＊＊	／	売　　　上	＊＊＊

諸　掛

仕入諸掛	仕　　　入	＊＊＊	／	現　　　金	＊＊＊
売上諸掛	発　送　費	＊＊＊	／	現　　　金	＊＊＊

練習問題　EXERCISE

以下の一連の仕訳を三分法で行いなさい。

　　8月1日　B社から商品￥800,000を仕入れ，代金は現金で支払った。
　　　　3日　上記の商品のうち￥50,000が品違いであったため返品し，普通預金口座に返金された。
　　　　5日　C社へ商品￥350,000を売り上げ，代金は現金で受け取った。
　　　　6日　D社から商品￥200,000を仕入れ，代金は現金で支払った。その際，引取運賃￥3,000を現金で支払った。

8日　5日のC社への売上げのうち¥15,000分が品違いのため返品を受け，普通預金口座に返金した。

9日　E社へ商品¥180,000を売り上げ，代金は現金で受け取った。

8月1日	/
3日	/
5日	/
6日	/
8日	/
9日	/

第11回 商品売買②

1 消費税

1．意 義

消費税は商品の売上げやサービスの提供などの取引に対して課される税である。よって生産および流通のそれぞれの段階で消費税は販売価格に上乗せされ，納付するのは事業者だが負担するのは消費者である，という特徴を持つ。この点から消費税は**間接税**に分類される（法人税など納税者と税負担者が一致している税金は**直接税**と呼ばれる）。

経理方式は税抜方式と税込方式の2つがあり，どちらを選択してもよい。なお本書では**税抜方式**のみ説明する。

2．税抜方式と会計処理

税抜方式とは，売上金額，仕入金額などに消費税額を含めない方法である。よって，取引の都度，消費税額を計算し，計上しなければならない。

具体的には，商品の仕入れやサービスの利用の際に支払った消費税額を**仮払消費税勘定**（資産）に計上する。一方，商品の売上げやサービスの提供などの際に受け取った消費税額を**仮受消費税勘定**（負債）に計上する。決算時に，仮受消費税と仮払消費税の差額が納付すべき消費税額となり，**未払消費税勘定**（負債）に計上する。以上のことから会計処理が必要になるのは①仕入れやサービスの利用，②売上げやサービスの提供，③決算，④納付である。

① 仕入れやサービスの利用

商品を仕入れた場合，買掛金などの仕入債務は商品の本体価格と消費税額の合算である。よって仕入債務の金額をもとに**仮払消費税勘定**（資産）と本体価格を計算する。

仕　　　入	＊＊＊	現　　　金	＊＊＊
仮払消費税	＊＊＊		

② 売上げやサービスの提供

商品を売り上げた場合，売掛金などの売上債権は商品の本体価格と消費税額の合算である。よって売上債権の金額をもとに**仮受消費税勘定**（負債）と本体価格を計算する。

現　　　金	＊＊＊	/	売　　　上	＊＊＊
			仮受消費税	＊＊＊

③ 決　算

決算になり，1年間の仮受消費税の合計額から仮払消費税の合計額を差し引いた結果が納付すべき消費税額で，**未払消費税勘定**（負債）に計上する。

仮受消費税	＊＊＊	/	仮払消費税	＊＊＊
			未払消費税	＊＊＊

④ 納　付

決算で計上した未払消費税を現金あるいは預金で国庫に納付する。

未払消費税	＊＊＊	/	普通預金	＊＊＊

例題 11-1

（1）商品 ¥ 110,000（消費税 ¥ 10,000 を含む）を仕入れ，代金は現金で支払った。

（2）商品 ¥ 132,000（消費税 ¥ 12,000 を含む）を売り上げ，代金は現金で受け取った。

（3）決算になった。1年間の仮受消費税額は ¥ 350,000，仮払消費税額は ¥ 130,000 であった。

（4）決算で計上した納付すべき消費税額を現金で支払った。

解　答

（1）	仕　　　入	100,000	現　　　金	110,000	
	仮払消費税	10,000			
（2）	現　　　金	132,000	売　　　上	120,000	
			仮受消費税	12,000	
（3）	仮受消費税	350,000	仮払消費税	130,000	
			未払消費税	220,000	
（4）	未払消費税	220,000	現　　　金	220,000	

2 仕入帳・売上帳

　日々の商品売買の記録は，仕入帳および売上帳という帳簿に記入する。記入する項目は，取引日，取引先，支払方法，商品名，数量，単価，および仕入諸掛である。売上諸掛は売上勘定に含まれないので，売上帳に記入しない。以下の例題11－2に沿って仕入帳および売上帳の記帳についてみてみよう。

例 題
11−2

8月1日 A社から洗濯機20台を＠￥30,000，扇風機10台を＠￥20,000で仕入れ，
代金は現金で支払った。その際，引取運賃￥1,100は現金で支払った。

3日 1日のA社からの仕入れのうち洗濯機5台が破損していたため返品した。

5日 B社へ洗濯機5台を＠￥50,000で売り上げ，代金は現金で支払った。

26日 B社への売上げについて洗濯機2台の品質不良があり返品され，代金は
現金で支払った。

仕　入　帳

日 付	摘　　要	内　訳	金　額

売　上　帳

日 付	摘　　要	内　訳	金　額

仕　入　帳

日	付	摘　　要	内　訳	金　額
8	1	A社　　　　　現金		
		洗濯機　20台　@¥30,000	600,000	
		扇風機　10台　@¥20,000	200,000	
		引取運賃 現金払い	1,100	801,100
	3	A社　　　　現金返品		
		洗濯機　5台　@¥30,000		150,000
		総仕入高		801,100
		仕入戻し高		150,000
		純仕入高		651,100

売　上　帳

日	付	摘　　要	内　訳	金　額
8	5	B社　　　　　現金		
		洗濯機　5台　@¥50,000		250,000
	26	B社　　　　現金返品		
		洗濯機　2台　@¥50,000		100,000
		総売上高		250,000
		売上戻り高		100,000
		純売上高		150,000

解　説

① 取引日の記入。

② 摘要欄に，取引相手，取引方法，商品名，数量，単価を記入する。返品の場合は支払い方法とともに「返品」と明記する。

③ 内訳欄には，一度に複数の取引がある場合は，いったん内訳欄にそれぞれの合計額を記入し，最終行の下に合計を意味する下線を引く。

④ 金額欄には，それぞれの取引の合計額を記入する。

⑤ 決算になり，仕入帳においては，総仕入高，仕入戻し高，総仕入高から仕入戻し高が差し引かれた純仕入高を記入する。売上帳においても同様に総売上高，売上戻り高，総売上高から売上戻り高が差し引かれた純売上高を記入する。なお，純仕入高および純売上高の金額の上には差引きを示す線を引く。

3 商品有高帳と払出単価の計算方法

１．商品有高帳の記入

　会社によっては，商品の管理のために**商品有高帳**と呼ばれる補助簿を使うことがある。商品有高帳には，商品の種類ごとに口座を設けて，仕入れた商品の**原価**を記入する「受入」欄，売り上げた商品の**原価**を記入する「払出」欄（金額を合計すると売上原価が判明する），加減の結果である「残高」欄の３欄に，それぞれの数量・単価・金額を記入して，随時，在庫を管理する。

　商品有高帳は通常，月単位で締切りを行う。したがって月初めに前月からの繰越分を「受入」欄に記入してから，順次，期中の受入・払出を記入していく。そして月末においては次月への繰越分を「払出」欄に記入し，「受入」欄と「払出」欄の月内の合計額が一致することを確認した上で，商品有高帳を締め切る。

　「残高」欄については，商品ごとに設けた倉庫の状況を表したものと考えるとわかりやすい。つまり，月初めには前月末の倉庫の残高から取引を始め，期中の受入・払出を経たのちに計算されるのは月末に残った商品である，と考えるのである。なお，返品については「摘要」欄に「売上返品」と記入して，仕入れと同じように倉庫に入るので，「受入」欄に数量・単価・金額を記入する。

２．払出単価の計算方法

　商品の受入・払出の際には，同一の商品でも仕入先ごとに仕入単価が異なる場合が多い。しかも，ある程度の規模の会社であれば，仕入先は多岐にわたり，また日々の取引量も膨大なものとなる可能性がある。そこで単価の異なる商品に対して，どのような形で払い出されていくかについて何らかの仮定を設けなければ，期末商品棚卸高と売上原価を計算するために必要な払出単価を決定することができなくなってしまう。払出単価の決定方法には，先入先出法，移動平均法などがある。

　先入先出法とは，名前のとおり，時間的に先に受け入れたものから，先に払い出していったと仮定し単価を計算する方法である。このように考えると，仕入単価の異なる商品は，先に仕入れた分から順次払い出されると仮定するため，期末商品棚卸高は期末近くに仕入れた商品の原価から構成されることになる。なお，商品有高帳の記入において，商品は仕入単価が異なる場合には異なる単価ごとに区別して記入する。

　移動平均法とは，異なる単価の商品を仕入れるたびに，手許商品を混ぜ合わせてすべて同質の商品とみなし，それが払い出されていくと仮定する方法である。計算に際しては，異なる単価の商品を仕入れるたびに，次のように平均単価を計算し，払出単価を決めていく。

単価＝（直前の残高＋今回の仕入額）÷（直前の在庫数量＋今回の仕入数量）

例題 11-3 以下のA商品に関する資料にもとづいて，商品有高帳の記入・締切りと売上総利益の計算を①先入先出法と②移動平均法のそれぞれについて示しなさい。なお売上総利益は純売上高から売上原価を控除した金額である。

2月1日　前月繰越　10個　@¥400
　2日　仕　入　30個　@¥200
　14日　売　上　20個　@¥900 (売価)
　18日　仕　入　5個　@¥500
　27日　売　上　8個　@¥1,000 (売価)

① 先入先出法

商品有高帳
A商品

(先入先出法)

日 付		摘 要	受 入			払 出			残 高		
月	日		数量	単価	金 額	数量	単価	金 額	数量	単価	金 額

売上原価：¥＿＿＿＿＿＿＿　　売上総利益：¥＿＿＿＿＿＿＿

② 移動平均法

商　品　有　高　帳
Ａ商品

(移動平均法)

日 付		摘　要	受　　入			払　　出			残　　高		
月	日		数量	単価	金　額	数量	単価	金　額	数量	単価	金　額

売上原価：¥　　　　　　　　　売上総利益：¥

解　答　① 先入先出法による商品有高帳の記帳

商品有高帳

(先入先出法)　A商品

日付		摘要	受入			払出			残高		
月	日		数量	単価	金額	数量	単価	金額	数量	単価	金額
2	1	前月繰越	10	400	4,000				10	400	4,000
	2	仕　入	30	200	6,000				⎰10	400	4,000
									⎱30	200	6,000
	14	売　上				⎰10	400	4,000			
						⎱10	200	2,000	20	200	4,000
	18	仕　入	5	500	2,500				⎰20	200	4,000
									⎱5	500	2,500
	27	売　上				8	200	1,600	⎰12	200	2,400
									⎱5	500	2,500
	28	**次月繰越**				⎰**12**	**200**	**2,400**			
						⎱**5**	**500**	**2,500**			
			45		12,500	45		12,500			
3	1	前月繰越	⎰12	200	2,400				⎰12	200	2,400
			⎱5	500	2,500				⎱5	500	2,500

売上原価：¥ 7,600　　売上総利益：¥ 18,400

② 移動平均法による商品有高帳の記帳

商品有高帳

(移動平均法)　A商品

日付		摘要	受入			払出			残高		
月	日		数量	単価	金額	数量	単価	金額	数量	単価	金額
2	1	前月繰越	10	400	4,000				10	400	4,000
	2	仕　入	30	200	6,000				40	250	10,000
	14	売　上				20	250	5,000	20	250	5,000
	18	仕　入	5	500	2,500				25	300	7,500
	27	売　上				8	300	2,400	17	300	5,100
	28	**次月繰越**				**17**	**300**	**5,100**			
			45		12,500	45		12,500			
3	1	前月繰越	17	300	5,100				17	300	5,100

売上原価：¥ 7,400　　売上総利益：¥ 18,600

解　説　売上原価の計算は，商品有高帳の「払出」欄のうち「次月繰越」以外の金額を合計する。

①の計算

売　　　上　　　高：¥ 26,000 ＝ 20 個×¥ 900 ＋ 8 個×¥ 1,000

売上原価の計算：¥ 7,600 ＝ 月初（¥ 4,000）＋ 当月仕入（¥ 6,000 ＋¥ 2,500）－ 月末残（¥ 4,900）

売 上 総 利 益：¥ 18,400 ＝ ¥ 26,000 － ¥ 7,600

②の計算

売　　　上　　　高：¥ 26,000 ＝ 20 個×¥ 900 ＋ 8 個×¥ 1,000

売上原価の計算：¥ 7,400 ＝ 月初（¥ 4,000）＋ 当月仕入（¥ 6,000 ＋¥ 2,500）－ 月末残（¥ 5,100）

売 上 総 利 益：¥ 18,600 ＝ ¥ 26,000 － ¥ 7,400

14 日と 27 日の単価として記載するのは売価ではなく原価であることに注意すること。商品有高帳は手許に残っている商品の管理を目的としているからである。なお，②の平均単価の計算は以下のとおり。

2 日：¥ 250 ＝ ¥ 10,000（＝ ¥ 4,000 ＋¥ 6,000）÷ 40（＝ 10 ＋ 30）

18 日：¥ 300 ＝ ¥ 7,500（＝ ¥ 5,000 ＋¥ 2,500）÷ 25（＝ 20 ＋ 5）

このように払出単価の計算方法により売上総利益の金額は異なる。

用語の整理

1．消費税は納税者と税負担者が異なる（　①　）である。
2．商品有高帳の払出欄の金額は（　①　）で記入する。

解　答

1	①間接税
2	①原価

消費税

仕入れ	仕　　　入　　＊＊＊ 仮払消費税　　＊＊＊	/	買　掛　金　　＊＊＊
売上げ	売　掛　金　　＊＊＊	/	売　　　上　　＊＊＊ 仮受消費税　　＊＊＊
決　算	仮受消費税　　＊＊＊	/	仮払消費税　　＊＊＊ 未払消費税　　＊＊＊
納　付	未払消費税　　＊＊＊	/	普　通　預　金　　＊＊＊

練習問題 EXERCISE

（1）次の取引を三分法で仕訳し，仕入帳，売上帳に記入しなさい。

8月1日　A社から商品￥5,000（鉛筆100本@￥50）を仕入れ，引取運賃￥1,000
とともに現金で支払った。

3日　C社から商品￥6,000（ノート60冊@￥100）を仕入れ，代金は現金で支
払った。

4日　C社から仕入れた商品のうち6冊を品質不良のため返品し，代金は現金で
受け取った。

5日　B社に商品（原価：ファイル20枚@￥100）を￥3,000にて売り上げ，代
金は現金で受け取った。

6日　D社に商品（原価：定規20本@￥250）を￥7,000にて売り上げ，代金は
現金で受け取った。

9日　D社に売り上げた商品のうち5本が品質不良のため返品され，代金は現金
で支払った。

8月1日	/
3日	/
4日	/
5日	/
6日	/
9日	/

仕　入　帳

日　付		摘　　要	内　訳	金　額

売　上　帳

日　付		摘　　要	内　訳	金　額

（2）次の仕入帳と売上帳に基づき，①先入先出法および②移動平均法によって商品有高帳を作成し，それぞれの方法における2月中の売上原価と売上総利益を計算しなさい。

仕 入 帳

日	付	摘 要			内 訳	金 額
2	11	A社	現 金			
		F商品 6,000個	@¥100			600,000
	16	B社	現 金			
		F商品 1,000個	@¥135			135,000
	20	C社	現 金			
		F商品 2,500個	@¥140			350,000

売 上 帳

日	付	摘 要			内 訳	金 額
2	13	D社	現 金			
		F商品 3,500個	@¥200			700,000
	19	E商店	現 金			
		F商品 3,000個	@¥280			840,000

① 先入先出法

商品有高帳
（先入先出法）　　　　　　　　　F商品

日 付		摘 要	受 入			払 出			残 高		
月	日		数量	単価	金 額	数量	単価	金 額	数量	単価	金 額
2	28	**次月繰越**									
3	1	前月繰越									

売上原価：¥　　　　　　　　　　売上総利益：¥

② 移動平均法

商品有高帳
F商品

(移動平均法)

日 付		摘 要	受　入			払　出			残　高		
月	日		数量	単価	金 額	数量	単価	金 額	数量	単価	金 額
2	28	次月繰越									
3	1	前月繰越									

売上原価：￥ 　　　　　　　　　　売上総利益：￥

資金の運用

第12回 売上債権と仕入債務①

1 売掛金と買掛金

　個人がコンビニやスーパーで商品を購入する場合，通常，商品の受取りと金銭等での支払いは同時である。一方，会社間で商品を売買する場合には，商品の引渡しと金銭等の支払いは同時ではなく，後日に支払う約束でその時は未払いの場合がある。

　商品は引渡し済みだが決済が完了していない債権（これを**売上債権**という）のうち，代金の支払いを約束している状況にある債権を**売掛金**といい，**売掛金勘定**（資産）に計上する。売上債権であるので売掛金勘定が発生した時の相手勘定は売上勘定である。

　一方，商品を受取っているが決済が完了していない債務（これを**仕入債務**という）のうち，代金の支払いを約束している状況にある債務を**買掛金**といい，**買掛金勘定**（負債）に計上する。仕入債務であるので買掛金勘定が発生した時の相手勘定は仕入勘定である。

　なお，複数の企業と取引している場合，売掛金・買掛金の総額だけではなく取引先ごとに増減と残高も把握することは重要である。そこで，売掛金勘定・買掛金勘定の代わりに，取引先の名称を勘定科目に設定すれば（これを**人名勘定**という），取引先ごと状況が把握できるようになり，財務管理を適切に行うことができる。

例題 12-1

以下の一連の取引を仕訳しなさい。ただし，商品売買については三分法による。
8月1日　A社から商品 ¥ 10,000 を仕入れ，代金は後日支払うこととした。
　　2日　B社から商品 ¥ 20,000 を仕入れ，代金は後日支払うこととした。
　　3日　¥ 5,000 で購入した商品をX社に ¥ 8,000 で売り上げ，代金は後日受け取ることとした。
　　5日　¥ 10,000 で購入した商品をY社に ¥ 13,000 で売り上げ，代金は後日受け取ることとした。

解答

8月1日	仕　入	10,000	/	買掛金	10,000
2日	仕　入	20,000	/	買掛金	20,000
3日	売掛金	8,000	/	売　上	8,000
5日	売掛金	13,000	/	売　上	13,000

| 例 題 12－2 | 例題12－1の取引を，人名勘定を用いて仕訳しなさい。ただし，商品売買については三分法による。 |

解 答	8月1日	仕 入	10,000	/	A 社	10,000
	2日	仕 入	20,000	/	B 社	20,000
	3日	X 社	8,000	/	売 上	8,000
	5日	Y 社	13,000	/	売 上	13,000

2 クレジット売掛金

1．意 義

　購入者が決済手段としてクレジットカード決済を選択する場合がある。クレジットカード決済では，売掛金と同じように後日売上代金を受け取るが，会社に支払うのは購入者ではなく購入者と会社の間に介在する信販会社である。このように後日回収するという点は類似するが，信販会社が介在しない売掛金と区別するために**クレジット売掛金勘定**（資産）を設定する。

　勘定科目に「売掛金」と入っているが，信販会社が会社の預金口座に売上代金を振り込んだ時点で，売上債権は信販会社に譲渡され，その後，売上債権の回収は信販会社が行う。購入者との信用取引である売掛金に比べて売上債権が回収できないリスクは非常に低いので，そのような信販会社の機能に対して会社から対価として決済手数料が支払われる。なお貸借対照表に表示する際には売掛金に含めて表示される。

2．会計処理

　クレジット売掛金に関する会計処理が必要になるのは①クレジット払いでの販売，②信販会社からの入金である。

　① クレジット払いでの販売

　商品を売り上げ，クレジットカード決済の場合，売上債権が発生するが，それを**クレジット売掛金勘定**（資産）に計上する。それに加えて利用の対価を**支払手数料勘定**（費用）に計上する。

クレジット売掛金	＊＊＊	売　　　　　上	＊＊＊
支 払 手 数 料	＊＊＊		

　② 信販会社からの入金

　信販会社から売上代金が普通預金口座などに振り込まれたら，クレジット売掛金勘定を減額して，普通預金などの払込先の預金の勘定を増額する。

普 通 預 金	＊＊＊	/	クレジット売掛金	＊＊＊

例題 12-3　2月15日　商品￥20,000 をクレジット払いの条件で販売するとともに，信販会社への手数料（販売代金の 3%）を計上した。
　3月15日　信販会社から売上代金が普通預金口座に振り込まれた。

解答

2月15日	クレジット売掛金	19,400	/	売	上	20,000
	支 払 手 数 料	600	/			
3月15日	普 通 預 金	19,400	/	クレジット売掛金		19,400

解説　クレジット売掛金勘定の金額は売上額から支払手数料の額を差し引いて求める。なお，支払手数料の金額は売上額に決済手数料の料率を掛けて求める。

3　売掛金元帳（得意先元帳）・買掛金元帳（仕入先元帳）

　規模が大きく，取引先の数が多い会社の場合，人名勘定では勘定の数が多くなって決算が煩雑になる。そこで，総額が把握できる売掛金勘定・買掛金勘定に加えて，取引先ごとの状況を把握するために，売掛金元帳（得意先元帳ともいう）・買掛金元帳（仕入先元帳ともいう）という補助簿を備える。

例題 12-4　次の取引を仕訳し，売掛金勘定に転記するとともに，売掛金元帳に記入しなさい。
　5月1日　売掛金の前月繰越高は￥900,000 である。なお，内訳は次のとおりである。
　　　　　　　A 社 ￥400,000　　　B 社 ￥500,000
　　10日　A 社へ商品￥300,000 および B 社へ商品￥200,000 をそれぞれ売り上げ，代金は掛けとした。
　　20日　A 社へ商品￥200,000 を売り上げ，代金は掛けとした。
　　25日　20日に A 社に売り上げた商品￥20,000 について，品違いがあり返品した。
　　30日　A 社の売掛金￥600,000，B 社の売掛金￥450,000 を相手先振出しの小切手で回収した。

5月1日	/
10日	/
20日	/
25日	/
30日	/

売　掛　金

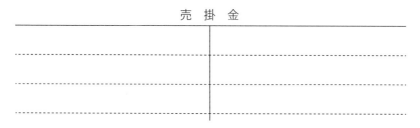

売掛金元帳
Ａ社

日　付	摘　　要	借　方	貸　方	借/貸	残　高

売掛金元帳
B社

日付	摘 要	借 方	貸 方	借/貸	残 高

解 答

5月1日	仕訳なし				
10日	売 掛 金	500,000	/	売 上	500,000
20日	売 掛 金	200,000	/	売 上	200,000
25日	売 上	20,000	/	売 掛 金	20,000
30日	現 金	1,050,000	/	売 掛 金	1,050,000

売 掛 金

5/1 前月繰越	900,000	5/25 売 上	20,000
10 売 上	500,000	30 現 金	1,050,000
20 売 上	200,000		

売掛金元帳
A社

日付		摘 要	借 方	貸 方	借/貸	残 高
5	1	前 月 繰 越	400,000		借	400,000
	10	売 上	300,000		〃	700,000
	20	売 上	200,000		〃	900,000
	25	返 品		20,000	〃	880,000
	30	小 切 手 回 収		600,000	〃	280,000
	31	次 月 繰 越		280,000		
			900,000	900,000		
6	1	前 月 繰 越	280,000		借	280,000

日 付		摘　　　要	借　　方	貸　　方	借/貸	残　　高
5	1	前　月　繰　越	500,000		借	500,000
	10	売　　　　　上	200,000		〃	700,000
	30	小　切　手　回　収		450,000	〃	250,000
	31	次　月　繰　越		250,000		
			700,000	700,000		
6	1	前　月　繰　越	250,000		借	250,000

　売掛金は通常は借方残となるので，借/貸欄には「借」と記入する。また，売掛金元帳（A社とB社）の残高の合計¥530,000が売掛金勘定の残高と一致するかを見て，記入に誤りがないことを確認する。売掛金元帳の締切りは，借方の合計額と貸方の合計額が一致するように次月繰越額を「貸方」欄に記入する。

例題 12-5　次の取引を買掛金勘定に転記するとともに，買掛金元帳に記入しなさい。

　3月1日　買掛金の前月繰越高は¥650,000である。なお，内訳は次のとおりである。

　　　　　　　四国株式会社　¥300,000
　　　　　　　九州株式会社　¥350,000

　　5日　九州株式会社から商品¥200,000を仕入れ，代金は掛けとした。

　　15日　四国株式会社および九州株式会社から商品をそれぞれ，¥250,000ずつ仕入れ，代金は掛けとした。

　　16日　15日に九州株式会社から仕入れた商品のうち¥100,000は不良品であったので返品した。

　　30日　四国株式会社に対する買掛金のうち¥350,000，九州株式会社に対する買掛金のうち¥400,000に対して小切手を振り出して支払った。

　　　　　　　買　掛　金

買掛金元帳
四国株式会社

日 付	摘　　要	借　方	貸　方	借/貸	残　高

買掛金元帳
九州株式会社

日 付	摘　　要	借　方	貸　方	借/貸	残　高

解　答

3月1日	仕訳なし			
5日	仕　入	200,000 /	買 掛 金	200,000
15日	仕　入	500,000 /	買 掛 金	500,000
16日	買 掛 金	100,000 /	仕　入	100,000
30日	買 掛 金	750,000 /	当座預金	750,000

```
                        買　掛　金
────────────────────────────────────────
3/16 仕　入 100,000 │ 3/1 前月繰越 650,000
────────────────────┼───────────────────
   30 当座預金 750,000 │   5 仕　入 200,000
────────────────────┼───────────────────
                      │  15 仕　入 500,000
```

買掛金元帳

四国株式会社

日付		摘　　要	借　方	貸　方	借/貸	残　高
3	1	前 月 繰 越		300,000	貸	300,000
	15	仕　　　入		250,000	〃	550,000
	30	小 切 手 支 払	350,000		〃	200,000
	31	次 月 繰 越	200,000			
			550,000	550,000		
4	1	前 月 繰 越		200,000	貸	200,000

買掛金元帳

九州株式会社

日付		摘　　要	借　方	貸　方	借/貸	残　高
3	1	前 月 繰 越		350,000	貸	350,000
	5	仕　　　入		200,000	〃	550,000
	15	仕　　　入		250,000	〃	800,000
	16	仕 入 戻 し	100,000		〃	700,000
	30	小 切 手 支 払	400,000		〃	300,000
	31	次 月 繰 越	300,000			
			800,000	800,000		
4	1	前 月 繰 越		300,000	貸	300,000

4　前払金と前受金

1．意　義

　商品を仕入れる前に，商品の確保を確実にするために代金の一部または全部を支払うことがある。これを**手付金**という。支払った側にとって商品を受け取る権利を意味する手付金は前払金勘定に計上する。後日，商品を仕入れたら仕入代金から手付金を除いた部分が買掛金などの仕入債務になる。

　一方，受け取った側にとって商品を引き渡す義務を意味する手付金は前受金勘定に計上する。後日，商品を売り上げたら，売上代金から手付金を除いた部分が売掛金などの売上債権になる。

　以上から，会計処理が必要になるのは，①手付金支払（受取），②仕入（売上）である。なお，発注は取引に該当しないので仕訳は切れない。

２．会計処理

①　手付金支払（受取）

　手付金を支払った仕入側は，支払額を**前払金勘定**（資産）に計上し，振り込んだ預金の勘定を減額する。一方，手付金を受け取った売上側は，受取額を**前受金勘定**（負債）に計上し，振り込まれた預金の勘定を増加させる。

仕入側	前 払 金	＊＊＊	/	普通預金	＊＊＊
売上側	普通預金	＊＊＊	/	前 受 金	＊＊＊

②　商品受取（商品引渡）

　商品を引き渡した売上側は，前受金を売上代金に充当し，残りを売掛金勘定などに計上し，売上額を売上勘定に計上する。一方，商品を受け取った仕入側は，前払金を仕入代金に充当し，残りを買掛金などに計上し，仕入額を仕入勘定に計上する。

仕入側	仕　　入	＊＊＊	/	前 払 金	＊＊＊
				買 掛 金	＊＊＊
売上側	前 受 金	＊＊＊	/	売　　上	＊＊＊
	売 掛 金	＊＊＊			

例題 12-6　次の取引を仕訳しなさい。

（1）商品¥200,000を注文し，手付金として¥20,000を現金で支払った。

（2）商品¥150,000の注文を受け，手付金¥30,000を小切手で受け取った。

（3）4月1日に国分寺株式会社は，三鷹株式会社に対して商品¥120,000を注文した際に，代金の10%を手付金として現金で支払った。同月15日に商品が到着したが，国分寺株式会社は残額を後日支払うこととした。4月1日と15日における両社の仕訳を示しなさい。

解答

(1)		前払金	20,000	/	現　金	20,000
(2)		現　金	30,000	/	前受金	30,000
(3)	国分寺株式会社					
	4月1日	前払金	12,000	/	現　金	12,000
	15日	仕　入	120,000	/	前払金	12,000
					買掛金	108,000
	三鷹株式会社					
	4月1日	現　金	12,000	/	前受金	12,000
	15日	前受金	12,000	/	売　上	120,000
		売掛金	108,000			

5 受取商品券

a. 意 義

商品券は，券面に記載されている金額分の商品と引き換えることを約束した有価証券で，自治体，商店街，商工会議所などが発行している。商品の交換で受け取った商品券は後日，発行元に換金を請求する。したがって会計処理が必要になるのは，①商品販売と②換金である。

b. 会計処理

① 商品販売

商品の売上代金の一部，あるいは全部を商品券で受け取った場合，**受取商品券勘定**（資産）に計上する。

商品販売	現　　　金　　＊＊＊ 受取商品券　　＊＊＊	売　　　上　　　＊＊＊

② 換 金

商品券の換金を請求し，預金口座に振り込まれたら，その金額分だけ受取商品券勘定を減少させる。

換　金	普 通 預 金　　＊＊＊	受取商品券　　＊＊＊

例 題 12-7

（1）商品 ¥ 11,000 を売り上げ，代金として同額の商店街発行の商品券を受け取った。

（2）かねて売上代金として受け取った商店街発行の商品券 ¥ 33,000 を引き渡して換金請求を行い，ただちに同額が普通預金口座に振り込まれた。

解 答

（1）　　受取商品券　　11,000　/　売　　　上　　11,000

（2）　　普 通 預 金　　33,000　/　受取商品券　　33,000

用語の整理

1．商品売買における代金の未収は（　①　）勘定で計上して，記帳する補助元帳は（　②　）である。

2．商品売買における代金の未払は（　①　）勘定で計上して，記帳する補助元帳は（　②　）である。

3．クレジット売掛金は貸借対照表に表示する際には（　①　）勘定に含める。

1	①売掛金，②売掛金元帳
2	①買掛金，②買掛金元帳
3	①売掛金

クレジット売掛金

販売時	クレジット売掛金 ＊＊＊ 支 払 手 数 料 ＊＊＊	売 上 ＊＊＊
入金時	普 通 預 金 ＊＊＊	クレジット売掛金 ＊＊＊

前払金・前受金
手付金支払

仕入側	前 払 金 ＊＊＊	普 通 預 金 ＊＊＊
売上側	普 通 預 金 ＊＊＊	前 受 金 ＊＊＊

商品受取

仕入側	仕 入 ＊＊＊	前 払 金 ＊＊＊ 買 掛 金 ＊＊＊
売上側	前 受 金 ＊＊＊ 売 掛 金 ＊＊＊	売 上 ＊＊＊

商品券

売上時	現 金 ＊＊＊ 受 取 商 品 券 ＊＊＊	売 上 ＊＊＊
換金時	現 金 ＊＊＊	受 取 商 品 券 ＊＊＊

練習問題 EXERCISE

（1）次の取引の仕訳を示しなさい。

　① a　商品 ¥ 800,000 の注文を受け，手付金としてその代金の 10％を現金で受け取った。

　　 b　a で注文を受けた商品を引き渡して，手付金を差し引き，残額は掛けとした。

　② a　商品券 ¥ 50,000 を売り上げ，代金として同額の自治体発行の商品券を受け取った。

　　 b　かねて売上代金として受け取った商店街発行の商品券 ¥ 100,000 を引き渡して換金請求を行い，ただちに同額が普通預金口座に振り込まれた。

①	a		/
	b	------------------------- / -------------------------	
②	a		/
	b		/

（2）次の一連の取引を各会社の立場から仕訳しなさい。

　　① 京都株式会社は大阪株式会社に商品￥250,000を注文して，手付金￥20,000を小切手を振り出して支払った。

　　② 京都株式会社は大阪株式会社から商品を受け取り，手付金を差し引いた残額は掛けとした。

京都株式会社

①		/
②	------------------------- / -------------------------	

大阪株式会社

①		/
②	------------------------- / -------------------------	

（3）A社の次の取引を仕訳し，売掛金元帳（X社）に記入し，月末に売掛金元帳を締め切りなさい。

　　7月1日　X社に対する売掛金の前月繰越高は￥300,000である。

　　　9日　X社から売掛金￥50,000を小切手で回収した。

　　13日　X社に商品￥150,000を掛けで売り上げた。

　　15日　X社に商品￥120,000を売り上げ，代金のうち￥50,000は小切手で受け取り，残額は掛けとした。

　　22日　15日にX社に売り上げた商品のうち￥5,000に品違いがあったので返品を受け，掛代金から差し引くこととした。

　　25日　X社より売掛金の回収としてX社振出しの￥200,000の小切手を受け取った。

7月1日	/
9日	/
13日	/
15日	/
22日	/
25日	/

売掛金元帳
X社

日　付	摘　　要	借　　方	貸　　方	借/貸	残　　高

（4）（3）の取引をX社の側から仕訳するとともに，買掛金元帳（A社）に記入し，月末に買掛金元帳を締め切りなさい。なお，A社に対する買掛金の前月繰越高は¥300,000である。

7月1日	/
9日	/
13日	/
15日	/
22日	/
25日	/

買掛金元帳
A社

日　付	摘　　　要	借　　方	貸　　方	借/貸	残　　高

（5）次のA社における取引について，人名勘定を用いて仕訳し，各勘定に転記しなさい。なお，それぞれ前月繰越はないものとする。

　　8月1日　B社から商品￥500,000を仕入れ，代金は掛けとした。

　　　　2日　1日にB社から仕入れた商品に品違いがあったため￥10,000を返品した。

　　　　3日　C社に商品￥300,000を売り上げ，代金は掛けとした。

　　　　4日　D社から商品￥400,000を仕入れ，代金は掛けとした。また引取運賃￥5,000を現金で支払った。

　　　　6日　3日にC社に売り上げた商品に品質不良があったため￥5,000が返品

を受け，掛代金から差し引くこととした。

8日　E社に商品¥800,000を売り上げ，代金は掛けとした。また発送費
¥8,000を現金で支払った。

8月1日	/
2日	/
3日	/
4日	/
6日	/
8日	/

C社		B社	

E社		D社	

第13回 売上債権と仕入債務②

1 手形の意義

　商品売買の代金の支払い方法には，金銭による支払い，売掛金・買掛金などの他に，商品の売買取引等で生じた債権・債務の決済を，一定の場所で一定の金額を支払う旨を約束した有価証券の利用という方法がある。この有価証券を**手形**という。手形には約束手形と為替手形の2種類があるが，一般に用いられているのは約束手形であるため，本書では約束手形のみを扱う。

2 約束手形の概要

　約束手形とは，手形を発行した者が，一定の期日に一定の金額を，手形を所持する者に支払うことを記した有価証券をいう。約束手形の表面には，約束手形の作成者，手形代金の受取人，**支払期日**（満期日ともいう），支払場所等が記されている。なお，約束手形を発行し，将来，一定の金額を相手方に支払うこととなる手形債務者は**振出人**と呼ばれ，一方，手形を保有し，将来，支払いを受け取る手形債権者は**名宛人**（または**受取人**）と呼ばれる。

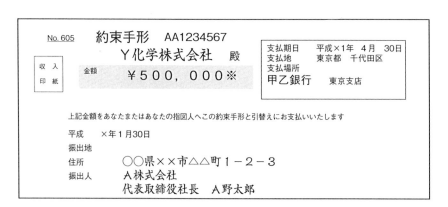

3 約束手形の会計処理

1．約束手形に関する一連の手続き

　次に，手形の振出しから決済までの流れを「A社はB社から商品を仕入れ，決済手段として手形を利用する」という取引をもとに説明する。

手形の振出しから決済までの流れ

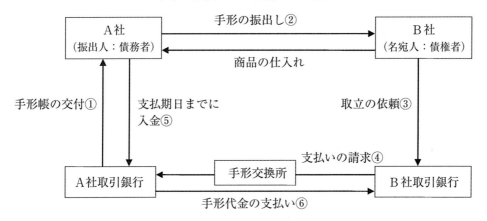

① 取引銀行と当座勘定取引契約を結び，当座預金口座を開設し，手形帳の交付を受け，現金を振り込んだ。

② A社は商品を仕入れ，代金として約束手形をB社に振り出す。

③ B社は，手形の満期日である支払期日に代金を回収するよう取引銀行に取立を依頼（**支払のための呈示**）する。

④ 一方，依頼を受けた取引銀行は支払期日に手形交換所を通してA社の取引銀行に支払いを請求する。

⑤ 支払期日までに手形金額の振込みを完了する。

⑥ 請求を受けたA社の取引銀行はB社の取引銀行に手形金額を当座勘定取引契約に基づき当座預金口座により支払い，決済が完了する。

２．約束手形の会計処理

図で説明した流れの中で会計処理が必要になるのは，②仕入代金の支払のための手形の振出し，⑤手形の決済である。

② 手形の振出し

仕入代金の支払いのために手形が振り出された場合，振り出した側（**振出人**という）は手形に記された金額（券面額）を**支払手形勘定**（債務）に計上する。相手勘定は仕入勘定である。一方の手形を受け取った側（**名宛人**または**受取人**という）は，売上代金として手形を受け取ったので**受取手形勘定**（債権）に計上する。相手勘定は売上勘定である。

債務者（振出人）	仕　　入	＊＊＊	/	支払手形	＊＊＊
債権者（受取人）	受取手形	＊＊＊	/	売　　上	＊＊＊

⑤ 決　済

支払期日が到来したら振出人の当座預金口座から券面額が支払われるので当座預金勘定と支払手形勘定を減少させる。一方，受取人の当座預金口座に手形の券面額が振り込まれるので当座預金勘定を増加させ，受取手形勘定を減少させる。

債務者（振出人）	支払手形	＊＊＊	/	当座預金	＊＊＊
債権者（受取人）	当座預金	＊＊＊	/	受取手形	＊＊＊

例 題 13－1	次の一連の取引を，各社について仕訳しなさい。

8月1日　A社はB社に商品¥500,000を売り上げ，代金はB社振出しの約
束手形で受け取った。

9月30日　上記の約束手形について支払期日となり，B社の当座預金口座か
ら引き落とされ，A社の当座預金口座に入金された。

解 答	8月1日

A社　　　受取手形　　　500,000　/　　売　　上　　　500,000
B社　　　仕　　入　　　500,000　/　　支払手形　　　500,000

9月30日

A社　　　当座預金　　　500,000　/　　受取手形　　　500,000
B社　　　支払手形　　　500,000　/　　当座預金　　　500,000

4　手形借入金，手形貸付金

1．意　義

　会社が借入れにより事業資金を調達する場合，金融機関などによる証書貸付が一般的であるが，その他に資金を提供する会社に約束手形を発行するという方法がある。約束手形を資金調達手段として活用するのである。商品売買に使用される手形を**商業手形**というのに対して，このような手形を**金融手形**といい，両者を区別する。なお，手形借入金（手形貸付金）は実態としては借入（貸付）であるため貸借対照表に表示する際は借入金（貸付金）に含める。

2．手形借入金，手形貸付金の会計処理

　手形借入金・手形貸付金の会計処理が必要になるのは①手形の振出し（受取り），②返済（回収）である。

　①　振出し（受取り）

　手形を振り出して資金を借り入れる場合，商業手形と区別するために**手形貸付金勘定**（資産）と**手形借入金勘定**（負債）を用いる。手形を受け取った側は振り出した側の預金口座に振り込む。

債務者	当 座 預 金	＊＊＊	/	手形借入金	＊＊＊
債権者	手形貸付金	＊＊＊	/	当 座 預 金	＊＊＊

② 返済（回収）

返済期日になったら債務者は券面額を相手の預金口座に振り込み，手形借入金を減少させる。債権者は振込みを確認した後，相手に手形を返却し，預金の勘定を増加させる。

債務者	手形借入金	＊＊＊	/	当 座 預 金	＊＊＊
債権者	当 座 預 金	＊＊＊	/	手形貸付金	＊＊＊

例題 13-2

次の取引を仕訳しなさい。
（1）吉祥寺株式会社に現金￥2,000,000を貸し付け，同社振出しの約束手形を受け取った。
（2）かねて国分寺株式会社に手形を振り出して借り入れていた￥300,000の返済期日を迎えたので同額を普通預金口座から振り込み，手形の返却を受けた。

解答

(1)	手形貸付金	2,000,000	/	現　　　金	2,000,000
(2)	手形借入金	300,000	/	普 通 預 金	300,000

5 手形記入帳の意義

手形債権の増加と減少は受取手形勘定を使って，手形債務の増加と減少は支払手形勘定を使って仕訳帳に記帳され，総勘定元帳に転記，集計される。この結果，手形債権と手形債務の日々の変動と残高を把握することができる。しかし，個々の手形の内容，たとえば，支払人，金額，支払期日といった詳細な情報は総勘定元帳からは入手できない。そのため，手形債権の回収あるいは手形債務の返済という，資金管理上，重要な手続きを完了し損ねる可能性がある。とくに，手形債務の支払いに必要な当座預金口座の残高が不足していると，手形代金の支払いができない**不渡り**という状況に陥る。第8回の小切手と同じように2度目の不渡りは避けなければならない。

例題 13-3

以下の手形記入帳を元に日付とともに仕訳を示しなさい。

受取手形記入帳

X2年		摘　　要	手形金額	手形種類	手形番号	支払人	振出人または裏書人	振出日		支払期日		支払場所	てん末		
								月	日	月	日		月	日	摘　要
7	1	売　上	700,000	約	38	吉田㈱	吉田㈱	7	1	10	1	関東銀行	10	1	入　金

支払手形記入帳

X2年		摘要	手形金額	手形種類	手形番号	受取人	振出人または裏書人	振出日		支払期日		支払場所	てん末		
								月	日	月	日		月	日	摘要
8	6	仕入	650,000	約	77	岡谷㈱	当社	8	6	9	6	山梨銀行	9	6	支払

解答						
	7月1日	受取手形	700,000	/	売　上	700,000
	8月6日	仕　入	650,000	/	支払手形	650,000
	9月6日	支払手形	650,000	/	当座預金	650,000
	10月1日	当座預金	700,000	/	受取手形	700,000

解説　「手形種類」欄には，約束手形を意味する「約」を記入する。また，「支払人」欄には当該手形金額の支払人（約束手形の振出人）を記入する。また，「てん末」欄にはその手形が最終的にどのように決済されたのかを簡潔に記入する。

6　電子記録債権と電子記録債務

1．意　義

　これまで学んできた商品売買の際に発生する手形債権・売掛債権に問題がないわけではない。手形債権については，作成・交付・保管にコストがかかる，紛失・盗難のリスクがある，手形金額を分割することはできない。一方の売掛債権については，手形債権のように目に見える債権ではないので支払いが拒絶される可能性がある。このような問題点を解消するために電子記録債権制度が創設され，**電子記録債権**（通称，でんさい）が導入された。

　商取引における契約が成立した時点で発生した債権について，債権金額，支払期日，取引口座などの情報を全国銀行協会が設立した電子債権記録機関である全銀電子債権ネットワーク（通称，でんさいネット）に備えている**記録原簿**に記録することで電子記録債権は発生する（これを**発生記録の成立**という）。支払期日になると自動的に債務を負う会社の預金口座（当座預金あるいは普通預金）から債権を持つ会社の預金口座に債権額が振り込まれる。

　債権者と債務者のいずれも取引金融機関をとおした記録原簿への登録の請求である**発生記録請求**が可能である。ただし，債権者から発生記録請求をして発生記録が成立するには債務者の承諾が必要である。

2．会計処理

　会計処理が必要となるのは，①電子記録債権（債務）への振替，②支払期日である。

① 振　替

　発生記録請求を受けて商品売買において発生した売上債権（あるいは仕入債務）を**電子記録債権（債務）**に振り替える。その際に使用する勘定は，売上債権に対しては**電子記録債権勘定**（資産），仕入債務に対しては**電子記録債務勘定**（負債）である。

債権者	電子記録債権	＊＊＊	/	売　掛　金	＊＊＊
債務者	買　掛　金	＊＊＊	/	電子記録債務	＊＊＊

② 支払期日

支払期日になったら自動的に債務者の預金口座から債権者の預金口座に送金される。

債権者	当　座　預　金	＊＊＊	/	電子記録債権	＊＊＊
債務者	電子記録債務	＊＊＊	/	当　座　預　金	＊＊＊

　なお，電子記録債権は第18回で説明する貸倒引当金の対象債権である。また，貸借対照表を作成する際には，他の売上債権・仕入債務に含めず，独立して表示する。

例題 13-4

2月15日　掛けで売り上げた商品￥500,000について，相手先の承諾後，取引銀行をとおして電子記録債権の発生記録を行った。

3月15日　支払期日が到来して，債権金額が当座預金口座に振り込まれた。

解　答

2月15日　電子記録債権　　500,000　/　売　掛　金　　500,000
3月15日　当　座　預　金　　500,000　/　電子記録債権　　500,000

例題 13-5

5月16日　掛けで仕入れた商品￥300,000について，取引銀行をとおして電子記録債権の発生記録を行った。

6月15日　支払期日が到来して，債務金額が当座預金口座から引き落とされた。

解　答

5月16日　買　掛　金　　300,000　/　電子記録債務　　300,000
6月15日　電子記録債務　　300,000　/　当　座　預　金　　300,000

7 債権の貸倒れと回収

1．貸倒れの意義と会計処理

　売掛金等の債権は，債務者の倒産等により回収ができなくなることがある。債権の回収ができなくなることを**貸倒れ**という。貸倒れた債権は，**貸倒損失勘定**（費用）に計上するとともに，その金額分だけ債権を減少させる。

貸　倒　損　失	＊＊＊	/	債　　　　権	＊＊＊

例題 13-6

次のA社における取引を仕訳しなさい。

　8月1日　B社に商品￥500,000を売り上げ，代金は掛けとした。

10月22日　B社が倒産し，B社に対する売掛金￥500,000が全額回収不能となった。

| 解 答 | 8月1日 | 売 掛 金 | 500,000 / | 売　　上 | 500,000 |
| | 10月22日 | 貸倒損失 | 500,000 / | 売 掛 金 | 500,000 |

2．貸倒れ処理した債権の回収

前期以前に貸倒れとして処理した債権が債務者である会社の資産の処分などにより回収される場合がある。そのような入金は**償却債権取立益勘定**（収益）に計上する。

現　　　　金	＊＊＊ /	償却債権取立益	＊＊＊

例 題 13-7	次の取引を仕訳しなさい。

前期に貸倒れとして処理したA社に対する売掛金￥300,000を現金で回収した。

解 答	現　　　　金	300,000 /	償却債権取立益	300,000

用語の整理

1．手形を振り出した側は債（　①　）者で，（　②　）と呼ばれる。一方，受け取った側は債（　③　）者で，（　④　）と呼ばれる。
2．売掛金等の債権が回収不能になることを（　①　）といい，（　②　）勘定に計上する。
3．手形が決済できない状況を（　①　）という。
4．売掛債権の問題点として（　①　）の可能性があり，その対応策として電子記録債権が導入された。

1	①務，②振出人，③権，④受取人あるいは名宛人
2	①貸倒れ，②貸倒損失
3	①不渡り
4	①支払いの拒絶

仕訳の整理

金融手形

① 債務者

振出し	当 座 預 金	＊＊＊ /	手 形 借 入 金	＊＊＊
返　済	手 形 借 入 金	＊＊＊ /	当 座 預 金	＊＊＊

② 債権者

受取り	手形貸付金	＊＊＊	/	当 座 預 金	＊＊＊
回 収	当 座 預 金	＊＊＊	/	手形貸付金	＊＊＊

電子記録債権（債務）

① 債権者

振 替	電子記録債権	＊＊＊	/	売 掛 金	＊＊＊
支払期日	当 座 預 金	＊＊＊	/	電子記録債権	＊＊＊

② 債務者

振 替	買 掛 金	＊＊＊	/	電子記録債務	＊＊＊
支払期日	電子記録債務	＊＊＊	/	当 座 預 金	＊＊＊

債権の貸倒れ

貸 倒 損 失	＊＊＊	/	債 権	＊＊＊

過年度に貸し倒れた債権の回収

現 金	＊＊＊	/	償却債権取立益	＊＊＊

練習問題 EXERCISE

（1）次の一連の取引をそれぞれの当事者ごとに仕訳しなさい。

8月1日　A社はB社から商品￥500,000を仕入れ、代金は約束手形を振り出して支払った。

5日　A社はC社に商品￥300,000を売り上げ、代金のうち￥100,000はC社振出しの小切手で受け取り、残額はC社振出しの約束手形で支払いを受けた。

9月1日　本日、8月1日にB社宛てに振り出した約束手形の支払期日につき、当座預金口座より引き落とされた。

8月1日

A社	/
B社	/

8月5日

A社	----------------/----------------
C社	----------------/----------------

9月1日

A社	/
B社	/

（2）次の一連の取引を仕訳しなさい。

8月1日　商品￥200,000を売り上げ，代金は掛けとした。

　　2日　1日の約束手形について取引銀行をつうじて発生記録の請求を行い，相手先の承諾を得た。

　　3日　商品￥800,000を仕入れ，代金は掛けとした。

　　4日　3日の約束手形について取引銀行をつうじて発生記録の請求を行った。

9月10日　8月2日に発生記録した債権の支払期日が到来したので，当座預金口座に振り込まれた。

　　11日　8月4日に発生記録した債務の支払期日が到来したので，当座預金口座から引き落とされた。

8月1日	/
2日	/
3日	/
4日	/
9月10日	/
11日	/

（3）次の一連の各取引について仕訳しなさい。なお，会計期間は 1 月 1 日から 12 月 31 日である。

①×1 年 9 月 10 日　A 社に商品¥ 300,000 を掛けで販売した。

②×1 年 12 月 18 日　A 社が倒産し，A 社に対する売掛金¥ 300,000 が全額回収不能となった。

③×2 年 4 月 20 日　×1 年 12 月 18 日に回収不能として処理した債権のうち¥ 100,000 が現金で回収された。

①	/
②	/
③	/

（4）次の一連の取引を仕訳しなさい。

①　2 ヵ月後に返済する約束で¥ 500,000 を借り入れるために約束手形を振り出し，普通預金に振り込まれた。

②　①の借入金を利息¥ 15,000 とともに現金で返済し，約束手形を返却してもらった。

①	/
②	/

資金の運用

第14回 有形固定資産

1 有形固定資産の概要

　会社は調達した資金を使って経営活動に必要な資源を購入するが，その1つに有形固定資産がある。有形固定資産とは，1年以上にわたって経営活動のために**使用**することを目的にした具体的形態を持つ資産のことである。売却して換金することもできるが，基本的にはそれを予定していない。なお，具体的形態を持つとしても，使用期間が1年未満の場合や金額が小さい場合は有形固定資産とはみなさない。

　有形固定資産の具体例とそれぞれに適用する勘定科目は以下のとおりである。

有形固定資産の具体例	勘定科目
営業活動で使用する店舗，事務所，倉庫 等	建　　物
いす，陳列棚，金庫，パソコン 等	備　　品
トラック，乗用車，オートバイ 等	車両運搬具
経営活動に使用している土地	土　　地

2 会計処理（取得）

　有形固定資産について会計処理が必要となるのは，①取得，②決算，③売却の3つである。ここでは①取得について説明する（②と③については第18回参照）。有形固定資産は取得した時に該当する資産の勘定（建物勘定，備品勘定，車両運搬具勘定など）に計上される。計上額である資産の**取得原価**は，有形固定資産の購入代価に仲介手数料，登記料などの当該資産を使用可能にするために支出された付随費用を加算して決定される。

取　得	建　　　　物　＊＊＊　／　現　　　　金　＊＊＊

取得原価＝購入代価＋付随費用

例題 14-1	店舗用の土地 200 ㎡を 1 ㎡あたり ￥ 100,000 で購入し，代金は小切手を振り出して支払った。なお，整地費用 ￥ 1,000,000，仲介手数料 ￥ 400,000，登記料 ￥ 200,000 は現金で支払った。

解 答	土　　地	21,600,000	/	当座預金	20,000,000
				現　　金	1,600,000

解 説 土地の取得原価は購入代価に付随費用を加える。本問では整地費用，仲介手数料，登記料を購入代価に加算して取得原価を計算する。よって，取得原価 ￥ 21,600,000 ＝購入代価 ￥ 20,000,000 （＠￥ 100,000 × 200 ㎡）＋付随費用 ￥ 1,600,000 （整地費用 ￥ 1,000,000 ＋仲介手数料 ￥ 400,000 ＋登記料 ￥ 200,000）となる。

3 資本的支出と収益的支出

1．意 義

有形固定資産を取得した後に，その有形固定資産に対して支出が行われることがある。その結果，有形固定資産の**能力向上**，**価値増大**，あるいは**耐用年数延長**が発生した場合，その支出のことを**資本的支出**という。一方，その支出が有形固定資産の**機能維持**あるいは**原状回復**のために行われた場合，その支出のことを**収益的支出**という。

たとえば，所有する賃貸マンションのキッチンの取り替えは，建物の価値を上げる。また，ビルの耐震補強工事は耐用年数を延ばす。これらの支出は有形固定資産の価値を増加させるので資本的支出として有形固定資産の取得原価に加算される。一方，ビルの外壁塗装工事は，有形固定資産の価値を増加させるものではなく，機能維持あるいは原状回復のためなので収益的支出となる。

2．会計処理

有形固定資産への改良・修繕を行った際に，資本的支出に該当する場合は支出額を当該有形固定資産勘定の借方に計上し，加算する。一方，収益的支出に該当する場合は**修繕費勘定**（費用）に計上する。

資本的支出	建　物[*]	＊＊＊	/	普通預金	＊＊＊
収益的支出	修 繕 費	＊＊＊	/	普通預金	＊＊＊

＊対象が建物の場合

| 例 題 14−2 | 建物の増築のために¥10,000,000を，外壁の塗装のために¥5,000,000を普通預金口座から支払った。なお増築は資産価値を高めている。 |

| 解 答 | 建　　　物　　10,000,000 / 普通預金　　15,000,000 |
| | 修 繕 費　　　5,000,000 / |

| 解 説 | 所有する建物に対して資産価値の増加する増築と資産価値の増加しない外壁塗装工事を行ったが，資産価値を増加させる支出は資本的支出なので取得原価に加算する。一方の資産価値を増加させない支出は修繕費勘定に計上する。 |

用語の整理

1. 有形固定資産は，（　①　）年以上にわたって経営活動のために（　②　）する具体的形態を持つ資産である。
2. 資本的支出は，有形固定資産の価値が（　①　）するので，取得原価に（　②　）する。

| 1 | ①1，②使用 |
| 2 | ①増加，②加算 |

仕訳の整理

有形固定資産

取　　　得	有形固定資産	＊＊＊	/	普 通 預 金	＊＊＊
資本的支出	建　　　物	＊＊＊	/	普 通 預 金	＊＊＊
収益的支出	修 繕 費	＊＊＊	/	普 通 預 金	＊＊＊

練習問題 EXERCISE

（1）次の取引の仕訳を示しなさい。

①　営業用倉庫¥80,000,000を購入し，代金のうち¥20,000,000は小切手を振り出して支払い，残額は2ヵ月後に支払う約束をした。なお，登記費用¥200,000は現金で支払った。

②　倉庫の増床工事で¥30,000,000を，同じ性能のシャッターへの交換に¥5,000,000を普通預金口座から支払った。なお増床工事は資産価値を高めている。

①	
②	

第15回 その他の期中取引

1 費用の支払い

1．小口現金

① 概　要

　文房具やお茶代などの日々発生する費用の支払いのための現金を社内に備えている場合がある。これを小口現金という。小口現金からの支払いは金額が小さく，頻繁に行われるが，それを会社全体の経理を担当する部門にある会計係（または経理係という）に対応させると会計係の業務が煩雑になってしまう。そこで，そのような支出を担当する**小口現金係**（または**用度係**という）を設けるのが便利である。会計係が一定額の小切手を振り出して，これを小口現金係に手渡した後の手続きは以下のとおり。

小口現金の概要

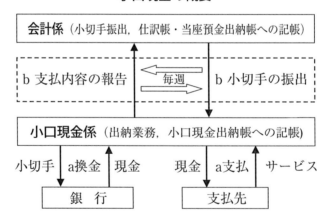

- a　小口現金係は小切手を銀行で現金に換え，必要な支出に当てる。
- b　決められた期日になったら，小口現金係は支出の内容を会計係に報告し，会計係から支出分と同額の小切手による補充を受ける。

　補充の結果，小口現金の残高は最初の支給額に戻るところから，**定額資金前渡制**または**インプレスト・システム**と呼ばれる。

② 小口現金係の役割

　会計係から預かった小切手の換金と日々の支払いを行う（出納業務），その取引明細を小口現金出納帳に記帳する，そして記帳内容を会計係に報告してあらたに小切手を受け取り，換金するという一連の手続きを毎週行うのが小口現金係の役割である。小口現金から

支払われる具体的な内容とそれに適用する勘定科目は以下のとおりである。

具体的内容	勘定科目
タクシー代，バス代等	交 通 費
郵便切手，葉書等	通 信 費
水道料金，電気料金およびガス料金	水道光熱費
ボールペンやコピー用紙等の事務用品	消 耗 品 費
新聞代，茶菓代，コーヒー代等，他のどれにも当てはまらない支出項目	雑　　費

　以下の取引例をもとに，小口現金係が行った小口現金出納帳の記入例を示すと以下のようになる。なお，小切手による補給は翌週の月曜日に行うこととする。

　6月1日　当社は本日から定額資金前渡制を採用することに決定したため，会計係は小口現金係に小切手¥100,000を振り出した。

　　2日　バス代として¥3,000を支払った。

　　3日　切手代¥500を支払った。

　　5日　茶菓子代として¥1,000を支払った。また，小口現金係は今週の支払の内容を会計係に報告した。

　　8日　会計係は，先週に報告を受けた金額分の小切手を小口現金係に振り出した。

小口現金出納帳

受入れ	日	付	摘　　　要	支払い	内　　訳		
					交 通 費	通 信 費	雑　　費
100,000	6	1	小 切 手 受 入 れ				
		2	バ　　ス　　代	3,000	3,000		
		3	郵 便 切 手	500		500	
		5	茶　　菓　　代	1,000			1,000
			合　　　　　計	4,500	3,000	500	1,000
	〃		次 週 繰 越	95,500			
100,000				100,000			
95,500	6	8	前 週 繰 越				
4,500	〃		小 切 手 受 入 れ				

　小口現金出納帳の特徴の1つとして内訳欄が挙げられる。これは，頻繁に支払いが発生する，あるいは重要性の高い勘定科目については，内訳欄の中に独立して記帳する場所を設けて集計を容易にする。なお，それ以外の取引は雑費欄に記帳する。

　③　会計係の役割と会計処理

　会計係の役割は（1）小口現金係から報告された支出内容に基づいた仕訳帳への記帳と（2）小口現金係への小切手の振出しと仕訳帳への記帳である。

（1）支出内容の記帳

定期的に小口現金係から報告があるが，そのたびに小口現金がどのように使われたのかを示す仕訳を切る。発生した費用を計上し，費用の合計額を**小口現金勘定**（資産）から振り替える。なお，会計係がまとめて仕訳を切るのは，小口現金係からの報告を待たなければ支出の内容がわからないからである。

支出内容の記帳	諸　費　用　　　＊＊＊　　／　　小口現金　　　＊＊＊

（2）小切手の振出しと記帳

報告を受けた会計係は小口現金係に報告された費用の額と同額の小切手を振り出す。これにより小口現金係に支給している小切手の金額は最初の設定額に戻る。

小切手の振出し	小口現金　　　　＊＊＊　　／　　当座預金　　　＊＊＊

例題 15－1 次のA社の取引を仕訳し，取引を小口現金出納帳に記帳しなさい。

6月1日　会計係から小口現金係に¥50,000の小切手を振り出した。なお，A社は小口現金について，インプレスト・システムを採用している。

30日　小口現金係は経理係に当月の間に次の支出を行ったことを報告した。会計係は報告を受けたのち，ただちに支出分の小切手を振り出して補充した。

6月7日　バ　ス　代　¥3,000　　10日　ボールペン　　¥500
　　　15日　タクシー代　¥2,000　　18日　コピー用紙代　¥2,500
　　　25日　茶　菓　子　¥1,500

小口現金出納帳

受入れ	日	付	摘　　要	支払い	交 通 費	消耗品費	雑　　費

解 答

小口現金出納帳

受入れ	日	付	摘　　要	支払い	内　　訳		
					交通費	消耗品費	雑　費
50,000	6	1	小 切 手 受 入 れ				
		7	バ　　ス　　代	3,000	3,000		
		10	ボ ー ル ペ ン 代	500		500	
		15	タ ク シ ー 代	2,000	2,000		
		18	コ ピ ー 用 紙 代	2,500		2,500	
		25	茶　　菓　　代	1,500			1,500
			合　　　　　計	9,500	5,000	3,000	1,500
9,500		30	小 切 手 受 入 れ				
		〃	次 月 繰 越	50,000			
59,500				59,500			
50,000	7	1	前 月 繰 越				

6月1日	小 口 現 金	50,000	/	当 座 預 金	50,000
30日	旅 費 交 通 費	5,000		小 口 現 金	9,500
	消 耗 品 費	3,000			
	雑　　　費	1,500			
	小 口 現 金	9,500	/	当 座 預 金	9,500

解 説　6月30日の仕訳は簡便法として，以下のように仕訳を切ることも可能である。

旅 費 交 通 費	5,000	/	当 座 預 金	9,500
消 耗 品 費	3,000			
雑　　　費	1,500			

2．ICカードの処理

①　ICカードの概要

交通費など社外での費用の支払いに，現金払いではなくICTを活用したICカードなどの電子マネーを利用することが一般化している。入金の方法は店舗等で現金を渡すか預金口座から引き落とす方法がある。

②　会計処理

会計処理が必要になるのはa. 入金とb. 利用明細の入手の時である。

a．入　金

ICカードを利用するには事前に入金する必要があるが，入金の時点ではICカードにより支払う内容とその金額は未定なので使途あるいは金額が確定していない支出を会計処理する**仮払金勘定**（資産）（112ページ参照）に計上する。

入　　金	仮 払 金	＊＊＊	/	現　　金	＊＊＊

b. 利用明細の入手

　一定期間が過ぎて会計係が利用明細を入手した時に使途と金額が明確になる。その際に仮払金勘定を適切な費用勘定に振り替える。

明細書入手	諸 費 用	＊＊＊	/	仮 払 金	＊＊＊

　なお，IC カードの利用が交通費のみの場合は入金時に**旅費交通費勘定**（費用）に計上する。

例題 15-2

4月1日　　IC カードに ¥ 10,000 を入金した。
4月30日　4月分利用明細を入手した。内容は，電車の運賃 ¥ 3,300，ボールペン ¥ 240 であった。

解答

4月1日	仮 払 金	10,000	/	現　　金	10,000
4月30日	旅費交通費	3,300	/	仮 払 金	3,540
	消 耗 品 費	240	/		

2　その他の債権債務

1．その他の債権・債務の意義

　主たる営業取引以外の経営活動においてもさまざまな債権・債務が発生する。以下においては営業取引に関係しない債権・債務について説明する。

2．未収入金と未払金の意義と会計処理

　商品以外の物品を売却したが支払いは後日になった場合，代金の支払いを求める権利が発生するが，それは**未収入金勘定**（資産）に計上する。一方，商品以外の物品を購入したが支払いは後日とした場合，代金を支払う義務である債務が発生するが，それは**未払金勘定**（負債）に計上する。

例題 15-3

次の取引を仕訳しなさい。
（1）読み終わって不要になった新聞紙を売却した。代金 ¥ 5,000 は月末に受け取る約束である。
（2）応接室で使用する家具セット ¥ 350,000 を買い入れた。代金は来月末に支払う約束である。

解答	（1）	未収入金	5,000	/	雑 益	5,000
	（2）	備 品	350,000	/	未 払 金	350,000

解説 （1）売却されたのは不要品であり商品ではないので，発生した債権は未収入金勘定に計上する。なお発生した収益は，独立した勘定を適用して取引内容を明確にするほどの重要性はないので**雑益勘定**（収益）に計上する。

（2）家具セットという商品に該当しない物品の購入で，代金は後払いなので未払金勘定に計上する。なお，家具セットは備品勘定に計上する。

3．立替金と預り金の意義と会計処理

①　立替金

本来支払うべき人に代わって会社が支払った場合，支払額は**立替金勘定**（資産）に計上する。後日，たとえば給料支払時などに清算された時に立替金勘定を減額する。

②　預り金

従業員が負担する税金などを，会社が代わりに納付するためにその金銭を預かる場合がある。たとえば，給料が支給された時，従業員には所得税と健康保険料，厚生年金保険料，雇用保険料などの社会保険料を負担する義務が発生するが，国・地方公共団体への納付は，従業員本人が行うのではなく，給与を支払う会社が従業員からそれぞれを徴収し，納付を担当する。これを**源泉徴収制度**という。

従業員への給与額に基づいて計算された所得税，社会保険料は納付されるまでの間，会社が一時的に預かるので，従業員の負担する所得税を徴収した場合は**所得税預り金勘定**（負債）に，社会保険料の場合は**社会保険料預り金勘定**（負債）に計上する。なお，社会保険料は従業員と会社の両者が負担するが，会社が負担する部分は**法定福利費勘定**（費用）に計上する。

例題 15-4 次の取引を仕訳しなさい。

（1）従業員の社宅の電気代の立替え分¥5,000が，電力会社によって当座預金口座から引き落とされた。

（2）従業員にかかる健康保険料と厚生年金保険料¥100,000を普通預金口座から納付した。従業員の負担割合は50%である。

（3）従業員の給料から源泉徴収していた所得税合計額¥150,000を銀行において納付書とともに現金で支払った。

解答	（1）	立 替 金	5,000	/	当 座 預 金	5,000
	（2）	社会保険料預り金	50,000	/	普 通 預 金	100,000
		法 定 福 利 費	50,000	/		
	（3）	所 得 税 預 り 金	150,000	/	現 金	150,000

解説	（2）社会保険料は従業員と会社の双方が負担する。

4．仮払金と仮受金

① 仮払金

使途または金額が確定していない支出があった場合，その支出をいったん**仮払金勘定**（資産）に計上する。内容が確定した時点で適切な勘定に振り替える。たとえば，出張などに必要な資金を概算で従業員に渡す場合，使途または金額が事前にはわからないため，その支出はいったん仮払金勘定に計上する。出張から戻ってきて正確な内容が確定したら，速やかに適切な勘定に振り替えるとともに過不足額の精算を行い，金額を確定させる。

② 仮受金

理由が不明の収入があった場合，いったん**仮受金勘定**（負債）に計上する。たとえば，得意先や出張中の従業員から入金があったが名目が連絡されていない場合，いったん仮受金勘定に計上する。内容が確定次第，速やかに適切な勘定に振り替える。

例題 15-5	次の一連の取引を仕訳しなさい。

（1）従業員が出張するので，現金 ¥ 50,000 を概算で渡した。

（2）出張中の従業員から ¥ 150,000 の当座預金口座への入金があったが，理由は不明である。

（3）従業員が出張から戻って報告を受けて（2）の振込みは売掛金の回収であったことが判明した。

（4）出張の精算を行い，旅費として ¥ 47,000 分の領収書と残額の返金を受けた。

解答	（1）	仮 払 金	50,000	/	現 金	50,000
	（2）	当 座 預 金	150,000	/	仮 受 金	150,000
	（3）	仮 受 金	150,000	/	売 掛 金	150,000
	（4）	現 金	3,000	/	仮 払 金	50,000
		旅費交通費	47,000	/		

5．差入保証金

不動産の賃貸借契約を結ぶとき，家賃などの支払いが困難になった場合に備えて借主が貸主に支払った保証金（これを敷金という）は**差入保証金勘定**（資産）に計上する。

例 題 15−6	店舗を借りるために敷金として¥160,000，不動産屋への仲介手数料¥80,000，最初の1ヵ月の家賃¥80,000を普通預金口座から振り込んだ。

解 答	差入保証金	160,000	普 通 預 金	320,000
	支払手数料	80,000		
	支 払 家 賃	80,000		

3 訂正仕訳

　取引記録をコンピュータで管理している会社において誤った仕訳が発見された場合，削除して正しい仕訳を入力してしまうと会計記録の改ざんと誤解される可能性があるので慎重に判断すべきである。そこで，誤った仕訳は修正せずに本来の状態にするための対応として**訂正仕訳**がある。訂正仕訳は「正しい仕訳」と「誤った仕訳の逆仕訳」を組み合わせて作る。

例 題 15−7	商品¥50,000を仕入れ，代金は小切手を振り出して支払ったが，その際に誤って次のような仕訳を行っていたことが判明した。これを訂正するための仕訳を示しなさい。

　　　　仕　　入　　　50,000　　／　　現　　金　　　50,000

解 答	現　　金　　50,000　　／　　当 座 預 金　　50,000

解 説	次のように正しい仕訳と誤った仕訳の逆仕訳をまとめる。「仕入　50,000」は借方と貸方に同額あるので相殺される。残ったのが訂正仕訳である。

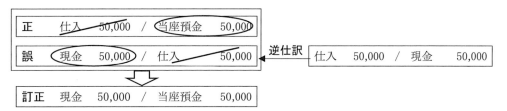

用語の整理

1．源泉徴収制度に従って，所得税，社会保険料の納付を担当するのは（　①　）である。
2．重要性が低く，独立した勘定を立てる必要のない収入は（　①　）勘定に計上する。
3．未収入金と売掛金，未払金と買掛金の違いは，売買している物品が（　①　）に該当するかどうかである。
4．小口現金に関して仕訳を担当するのは（　①　）である。一方，小口現金出納帳の

作成を担当するのは（　②　）である。

5．社会保険料の負担者は（　①　）と（　①　）である。

解　答

1	①会社
2	①雑益
3	①商品
4	①会計係あるいは経理係，②小口現金係あるいは用度係
5	①会社，従業員

練習問題 EXERCISE

（1）次の取引を小口現金出納帳に記帳し，必要な仕訳を示しなさい。ただし，当社は
　　　インプレスト・システムを採用している。

　　　5月30日　小口現金係から，次のような支払報告があった。

　　　　　　　　5月2日　バ　ス　代　¥ 21,000　　14日　郵 便 切 手 ¥ 10,400

　　　　　　　　　19日　文 房 具　¥ 3,200　　25日　茶 菓 子 代　¥ 2,300

　　　5月31日　小口現金係からの支払報告に基づき，小切手を振り出して補充した。

　　　6月29日　小口現金係から，次のような支払報告があった。

　　　　　　　　6月1日　郵 便 切 手　¥ 8,300　　11日　葉　　　書　¥ 2,500

　　　　　　　　　13日　文 房 具　¥ 5,700　　24日　電 車 代 ¥ 10,800

　　　6月30日　小口現金係からの支払報告に基づき，小切手を振り出して補充した。

小口現金出納帳

受入れ	日	付	摘　　要	支払い	内　訳 旅費交通費	通信費	消耗品費	雑　費
50,000	5	1	前　月　繰　越					
			合　　　計					
			次　月　繰　越					
	6	1	前　月　繰　越					
			合　　　計					
			次　月　繰　越					
	7	1	前　月　繰　越					

5 月 30 日		
31 日	/	
6 月 29 日		
30 日	/	

（2）次のそれぞれの一連の取引の仕訳を示しなさい。

① a 従業員の団体保険料 ¥ 10,000 を現金で立替払いした。

    b 給料 ¥ 180,000 から，a の立替金と所得税 ¥ 15,000 を差し引いて，残額を現金で支払った。

② a 従業員の出張にあたり，旅費として現金 ¥ 100,000 を概算で支払った。

    b 従業員から当座預金口座に ¥ 100,000 の振込みがあったが理由は不明である。

    c 従業員が帰社して，振込みは売掛金の回収であることが判明した。

    d 旅費の精算を行い，従業員が立て替えていた ¥ 8,000 を現金で支払った。

③ a 営業用建物 ¥ 1,000,000 を購入して，代金のうち ¥ 200,000 を現金で支払い，残額は月末払いの約束をした。

    b a の未払い分を，小切手を振り出して支払った。

①	a	/
	b	---- / ----
②	a	/
	b	/
	c	/
	d	---- / ----
③	a	---- / ----
	b	/

（3）帳簿をチェックしたところ，次の事実が判明した。必要な仕訳を示しなさい。

① 商品 ¥ 300,000 を現金で販売した際，¥ 250,000 と記帳していた。

② 商品 ¥ 450,000 を販売して，代金を相手先振出しの小切手で受け取った際，次の仕訳をしていた。

　　　　当 座 預 金　　450,000　　/　　売　　　　　上　　450,000

③ 当社と取引のある A 社が倒産したため，A 社に対する売掛金 ¥ 350,000 について次の仕訳をしていた。なお，当社の貸倒引当金勘定の残高は ¥ 100,000 である。

　　　　貸 倒 引 当 金　　350,000　　/　　売　　掛　　金　　350,000

①	/
②	/
③	/

第Ⅱ部で扱う取引の仕訳問題

第7回－1　次の取引を仕訳しなさい。

（1）今月分の家賃￥120,000 を現金で支払った。

（2）仲介手数料として，相手方振出しの小切手￥100,000 を受け取った。

（1）	/
（2）	/

第7回－2　次の一連の取引の仕訳を行いなさい。

（1）現金勘定の残高は￥120,500 であるが，現金の実際有高は￥120,000 であった。

（2）（1）で計上した現金過不足の原因について調査していたが，本日，売掛金￥10,000 の回収として受け取っていた小切手が未処理であった。

（3）交通費支払い専用の IC カードへの入金額￥8,000 が未処理であった。

（4）決算で現金過不足勘定の残高を適切な勘定に振り替えた。

（1）	/
（2）	/
（3）	/
（4）	/

第8回－1　次の取引を仕訳しなさい。

（1）家賃￥150,000 の支払いのために小切手を振り出した。

（2）商品￥230,000 を売り上げ，代金を小切手で受け取った。

（1）	/
（2）	/

第8回－2　以下の一連の取引を仕訳せよ。ただし，取引開始の時点での当座預金勘定の残高は￥100,000 であるが，借入限度額￥200,000 の当座借越契約を結んでいる。

（1）備品￥300,000 を購入し，代金は小切手を振り出して支払った。

（2）決算になったので必要な手続きをとった。

（3）翌期首において再振替仕訳を行った。

（1）	/
（2）	/
	あるいは
	/
（3）	/
	あるいは
	/

第8回－3　次の一連の取引を仕訳しなさい。なお，預金の勘定には銀行名を入れること。

（1）現金￥300,000をA銀行の当座預金口座に預け入れた。

（2）D銀行における定期預金￥300,000が満期になったため，解約して利息￥1,000とともに同行の普通預金口座に預け替えた。

（1）	/
（2）	/

第9回－1　次の取引を仕訳しなさい。

（1）1株当たり￥400で600株の株式を発行し，合計￥240,000の払込みを受けて株式会社を設立した。払込金はすべて普通預金口座に預け入れられた。

（2）1株当たり￥480で700株の株式を発行し，合計￥336,000の払込みを受けて増資した。払込金はすべて当座預金口座に預け入れられた。

（1）	/
（2）	/

第9回－2　次の取引を仕訳しなさい。

（1）￥1,000,000を借り入れ，利息￥30,000を差し引かれた残額が当座預金口座に振り込まれた。

（2）現金￥1,000,000を期間100日間，年利率2.19%で貸し付けたが，支払期日が到来し，利息とともに普通預金口座に振り込まれていた。

（3）取引銀行から借り入れていた￥3,000,000の支払期日が到来したため，利息ととも

に当座預金口座から返済した。なお，借入れに伴う利率は年1.46%であり，借入期間は150日であった。

（1）	/
（2）	/
（3）	/

第10回－1　次の取引を仕訳しなさい。

（1）商品￥20,000を仕入れ，代金は小切手を振り出して支払った。

（2）商品￥50,000を売り上げ，代金は小切手で受け取った。

（1）	/
（2）	/

第10回－2　次の一連の取引を仕訳しなさい。

8月 1日　商品200個を＠￥50で仕入れ，代金は掛けとした。

　　 8日　1日に仕入れた商品のうち20個の品違いがあったので返品し，掛代金から差し引くことにした。

　　10日　商品200個を￥100で売り上げ，代金は掛けとした。

　　15日　10日に売り上げた商品のうち不良品のため10個が返品された。

8月1日	/
8日	/
10日	/
15日	/

第10回－3　次の取引を仕訳しなさい。

（1）商品￥200,000を仕入れ，代金は小切手を振り出して支払った。また引取運賃￥5,000を現金で支払った。

（2）商品￥500,000を売り上げ，代金は相手先振出しの小切手で受け取った。また発送費￥20,000を現金で支払った。

(1)	------------------------------- / -------------------------------
(2)	------------------------------- / -------------------------------

第11回　次の一連の取引を仕訳しなさい。なお消費税は税抜方式により処理している。

（1）商品 ¥ 550,000（消費税 ¥ 50,000 を含む）を仕入れ，代金は現金で支払った。

（2）商品 ¥ 22,000（消費税 ¥ 2,000 を含む）を売り上げ，代金は現金で受け取った。

（3）決算になった。1 年間の仮受消費税額は ¥ 320,000，仮払消費税額は ¥ 180,000 であった。

（4）決算で計上した納付すべき消費税額を普通預金口座から支払った。

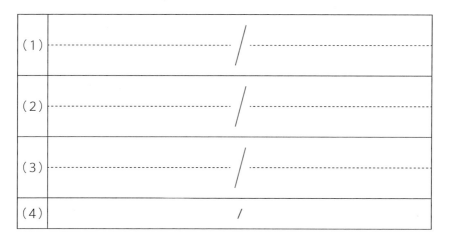

第12回－1　次の一連の取引を仕訳しなさい。

（1）商品 ¥ 50,000 をクレジット払いの条件で販売するとともに，信販会社への手数料（販売代金の 2%）を計上した。

（2）信販会社から売上代金が普通預金口座に振り込まれた。

(1)	------------------------------- / -------------------------------
(2)	/

第12回－2　3月1日と15日におけるA社とB社のそれぞれの仕訳を示しなさい。

3月 1 日　A 社は，B 社に対して商品 ¥ 300,000 を注文した際に，代金の 10%を手付金として現金で支払った。

　　15 日　商品が到着したが，A 社は残額を後日支払うこととした。

A社	
3月1日	/
15日	------- / -------

B社	
3月1日	/
15日	------- / -------

第12回－3　次の取引を仕訳しなさい。

（1）商品￥20,000を売り上げ，代金として同額の商店街発行の商品券を受け取った。

（2）かねて売上代金として受け取った商店街発行の商品券￥55,000を引き渡して換金請求を行い，ただちに同額が普通預金口座に振り込まれた。

（1）	/
（2）	/

第13回－1　次の取引を仕訳しなさい。

（1）現金￥1,000,000を貸し付け，同店振出しの約束手形を受け取った。

（2）かねて手形を振り出して借り入れていた￥900,000の返済期日を迎えたので同額を普通預金口座から振り込み，手形の返却を受けた。

（1）	/
（2）	/

第13回－2　次の一連の取引を仕訳しなさい。

（1）掛けで売り上げた商品￥200,000について，相手先の承諾後，取引銀行をとおして電子記録債権の発生記録を行った。

（2）（1）の支払期日が到来して債権額が当座預金口座に振り込まれた。

（1）	/
（2）	/

第13回－3　次の一連の取引を仕訳しなさい。

（1）掛けで仕入れた商品￥250,000について，取引銀行をとおして電子記録債権の発生
　　記録を行った。

（2）（1）の支払期日が到来して債務額が当座預金口座から引き落とされた。

（1）	/
（2）	/

第13回－4　次の取引を仕訳しなさい。

B社が倒産し，B社に対する売掛金￥93,000が回収不能となった。

/

第13回－5　次の取引を仕訳しなさい。

前期に貸倒れとして処理したA社に対する売掛金￥190,000を現金で回収した。

/

第14回－1　次の取引を仕訳しなさい。

店舗用の土地180㎡を1㎡あたり￥50,000で購入し，代金は小切手を振り出して支払
った。なお，整地費用￥900,000，仲介手数料￥300,000，登記料￥150,000は現金で支
払った。

第14回－2　次の取引を仕訳しなさい。

建物の増築のために￥2,000,000を，外壁の塗装のために￥300,000を小切手を振り出
して支払った。なお増築は資産価値を高めている。

第15回－1　次の一連の取引を仕訳しなさい。

1月1日　　ICカードに現金￥2,000を入金した。

1月30日　1月分利用明細を入手した。内容は，電車の運賃￥1,500，茶菓子￥400
　　　　　であった。

1月1日	/
30日	---------------- / ----------------

第15回-2　次の取引を仕訳しなさい。

（1）不要になったテーブルを売却した。代金¥2,000は月末に受け取る約束である。なおテーブルは購入時，消耗品費勘定に計上している。

（2）応接室で使用する家具セット¥600,000を買い入れた。代金は来月末に支払う約束である。

（1）	/
（2）	/

第15回-3　次の取引を仕訳しなさい。

（1）従業員の社宅の電気代の立替え分¥5,000が電力会社によって当座預金口座から引き落とされた。

（2）給料¥200,000について所得税の源泉徴収分¥20,000および健康保険・社会保険料の合計¥30,000を控除して普通預金口座から振り込んだ。

（3）従業員にかかる健康保険料と厚生年金保険料¥80,000を普通預金口座から納付した。従業員の負担割合は50%である。

（4）従業員の給料から源泉徴収していた所得税合計額¥230,000を銀行において納付書とともに現金で支払った。

（1）	/
（2）	/
（3）	/
（4）	/

第15回−4　次の一連の取引を仕訳しなさい。

（1）従業員が出張するので，現金￥100,000を概算で渡した。

（2）出張中の従業員から，￥90,000の当座預金口座への入金があったが，理由は不明である。

（3）出張から戻った従業員から報告を受けて（2）の振込みは未回収の手数料であることが判明した。

（4）出張の精算を行い，旅費￥60,000分の領収書と残額の返金を受けた。

（1）	/
（2）	/
（3）	/
（4）	/

第15回−5　次の取引を仕訳しなさい。

　店舗を借りるために敷金として￥150,000，不動産屋への仲介手数料￥75,000，最初の1ヵ月の家賃￥75,000を普通預金口座から振り込んだ。

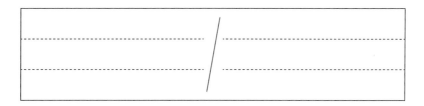

第15回−6　次の取引を仕訳しなさい。

　商品￥150,000を売り上げ，代金は約束手形を受け取ったが，その際に誤って次のような仕訳を行っていたことが判明した。これを訂正するための仕訳を示しなさい。

　　（借）当座預金　150,000　　　　（貸）売　　上　150,000

/

第Ⅲ部

決算とその他の論点

第16回 試算表の概要

1 決算の意義

　会計期間が終了した後に，貸借対照表と損益計算書を作成するために行う一連の手続きを**決算**という。手続きの流れは以下のとおりである。

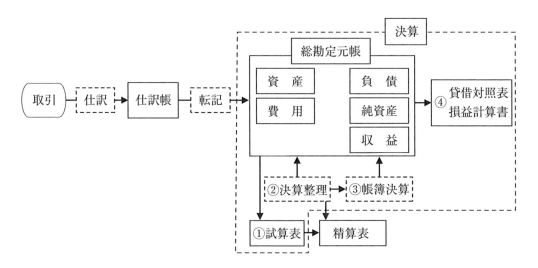

　つまり決算の流れは，①試算表作成→②決算整理→③帳簿決算である。今回は①試算表の作成について説明する。なお②の決算整理とは，総勘定元帳にある各勘定を修正し，適正なものにするための手続きで，第17回から第19回で説明する。また③の帳簿決算は，当期純損益を計算し，総勘定元帳の各勘定を締め切る手続きで，第21回で説明する。決算に含まれていないが決算の概要を事前に把握するための手続きである精算表の作成については第20回で説明する。

2 試算表の意義

　仕訳帳から総勘定元帳への転記が正しく行われているかを確かめるために，総勘定元帳のすべての勘定口座の借方と貸方のそれぞれの合計額や残高を集めて1つの表にした**試算表**（trial balance）が作成される。**貸借平均の原理**によりすべての勘定口座の借方の合計額と貸方の合計額は必ず一致するが，一致しない場合には記録・計算の誤りがあることになる。これを複式簿記の**自己検証機能**といい，その場合には調査して修正する必要がある。

この自己検証機能を活用して誤りを発見するために作成されるのが試算表である。

試算表には，合計試算表，残高試算表，合計残高試算表の３つの種類がある。

3 勘定口座と試算表の関係

会計期間が終了した後に各勘定口座を集計し，集計結果に基づいて試算表を作成する。試算表作成には，以下の２種類の勘定口座の集計結果が利用される。

① 借方と貸方のそれぞれの合計額

借方と貸方のそれぞれの合計額により各勘定口座の一定期間における取引規模が把握できる。下記の例では，借方の合計額から収入が¥90,000あり，貸方の合計額から支出が¥13,000あったという５月中の取引規模がわかる。

現　　　金

5/1 資本金	50,000	5/10 備　品	10,000
12 売掛金	10,000	13 買掛金	2,000
22 売掛金	30,000	19 通信費	1,000
=	90,000	=	13,000

② 残　　高

借方の合計額と貸方の合計額の差額を**残高**という。残高により会社が経営活動を一定期間行った後の勘定口座の規模がわかる。上の例では，現金の流入が¥90,000，現金の流出が¥13,000あったが，現在，会社内には¥77,000が残っていることがわかる。

現　　　金

90,000	13,000

現　　　金

77,000	

勘定口座の①借方と貸方の合計額と②残高が試算表作成に使われるが，具体的には，合計試算表には①が，残高試算表には②が，合計残高試算表には①と②の両方が必要となる。次の 4 からは，それぞれの試算表の作成方法を説明する。

4 合計試算表

各勘定口座の借方と貸方の合計額は以下のとおりである。

現　　金　　1	
193,000	40,000

売　掛　金　　2	
40,000	25,000

買　掛　金　　6	
15,000	30,000

資　本　金　　9	
	90,000

売　　上　　10	
	180,000

仕　　入　　11	
46,000	

水道光熱費　　12	
15,000	

給　　料　　15	
56,000	

合計試算表の作成手順は次のとおりである。

① 各勘定口座の借方と貸方の合計額を計算し，合計試算表の借方と貸方に記入する。
② 勘定口座に設定されている元丁番号を合計試算表の元丁欄に記入する。
③ 合計試算表の借方と貸方の合計額（ここでは365,000）を最終行に記入し，貸借の合計額が一致することを確認する。
④ 金額の上に合計線（単線）を，下に締切線（二重線）を入れる。

作成された合計試算表は以下のとおりである。

合 計 試 算 表

借　　方	元丁	勘 定 科 目	貸　　方
193,000	1	現　　　　　金	40,000
40,000	2	売　　掛　　金	25,000
15,000	6	買　　掛　　金	30,000
	9	資　　本　　金	90,000
	10	売　　　　　上	180,000
46,000	11	仕　　　　　入	
15,000	12	水　道　光　熱　費	
56,000	15	給　　　　　料	
365,000			365,000

5 残高試算表

各勘定口座の借方と貸方の合計額が以下の場合の残高試算表を作成する。

現　　金　　1		売　掛　金　　2		買　掛　金　　6	
193,000	40,000	40,000	25,000	15,000	30,000
（残高153,000）		（残高15,000）			（残高15,000）

資　本　金　　9		売　　上　　10		仕　　入　　11	
	90,000		180,000	46,000	

水道光熱費　　12		給　　料　　15	
15,000		56,000	

① 借方と貸方の合計額から各勘定口座の残高を計算し，残高試算表の借方もしくは貸方に記入する。差額の記入なので，反対側の欄は空欄となる。

② 各勘定口座に設定されている元丁番号を残高試算表の元丁欄に記入する。

③ 残高試算表の借方と貸方の合計額（ここでは285,000）を最終行に記入し，貸借の残高の合計が一致することを確認する。

④ 金額の上に合計線を，下に締切線を入れる。

作成された合計試算表は以下のとおりである。

残 高 試 算 表

借　　方	元丁	勘 定 科 目	貸　　方
153,000	1	現　　　　　　金	
15,000	2	売　　掛　　金	
	6	買　　掛　　金	15,000
	9	資　　本　　金	90,000
	10	売　　　　　　上	180,000
46,000	11	仕　　　　　　入	
15,000	12	水　道　光　熱　費	
56,000	15	給　　　　　料	
285,000			285,000

6 合計残高試算表

合計残高試算表は、合計試算表と残高試算表を1つにまとめたものである。したがって合計残高試算表の作成方法は、合計試算表と残高試算表のそれぞれの作成方法を組み合わせたものと同じである。なお、残高がゼロの勘定については、合計試算表の借方と貸方には金額があるので、勘定科目とともに合計残高試算表に記載される。

合 計 残 高 試 算 表

借 方		元丁	勘 定 科 目	貸 方	
残 高	合 計			合 計	残 高
153,000	193,000	1	現　　　　　金	40,000	
15,000	40,000	2	売　　掛　　金	25,000	
	15,000	6	買　　掛　　金	30,000	15,000
		9	資　　本　　金	90,000	90,000
		10	売　　　　　上	180,000	180,000
46,000	46,000	11	仕　　　　　入		
15,000	15,000	12	水 道 光 熱 費		
56,000	56,000	15	給　　　　　料		
285,000	365,000			365,000	285,000

7 試算表の限界

試算表は自己検証機能を備えているが、すべての記録、計算の誤りを発見することはできない。なぜならば、記録、計算における誤りには、①事実を反映しない誤りと②ルールに従わない誤りがあるからである。

①の事実を反映しない誤りには、意識的あるいは無意識のうちに行われる記録の架空計上や脱漏がある。これらの誤りを発見するためには補助簿の使用や監査といった手段が用いられる。②のルールに従わない誤りには、貸借平均の原理に反しない勘定科目の誤りといった例が挙げられる。

例題 16-1　次の資料1と資料2にもとづいて，×2年4月30日の残高試算表を作成しなさい。

資料1：×2年3月31日の残高試算表

残 高 試 算 表

借　　方	勘 定 科 目	貸　　方
2,000	現　　　　　　金	
140,000	普　通　預　金	
33,000	売　　掛　　金	
14,000	繰　越　商　品	
	買　　掛　　金	10,000
	借　　入　　金	5,000
	資　　本　　金	128,000
	売　　　　　上	120,000
56,000	仕　　　　　入	
12,000	支　払　家　賃	
6,000	通　　信　　費	
263,000		263,000

資料2：×2年4月中の取引

1日　商品¥20,000を仕入れ，代金は掛けとした。

2日　商品¥70,000を売り上げ，代金は掛けとした。

5日　商品¥50,000を売り上げ，代金は現金で受け取った。

7日　商品¥20,000を仕入れ，代金は現金で受け取った。

9日　商品¥60,000を仕入れ，代金は掛けとした。

10日　普通預金口座から現金¥40,000を引き出した。

13日　商品¥20,000を仕入れ，代金は現金で支払った。

16日　商品¥30,000を売り上げ，代金は現金で受け取った。

18日　仕入先へ掛代金¥50,000を普通預金口座から振り込んだ。

20日　商品¥30,000を仕入れ，代金は現金で支払った。

22日　商品¥50,000を売り上げ，代金は掛けとした。

25日　得意先から掛代金¥60,000が普通預金口座へ振り込まれた。

29日　商品¥20,000を売り上げ，代金は現金で受け取った。

残高試算表

借　　方	勘定科目	貸　　方
	現　　　　　　金	
	普　通　預　金	
	売　　掛　　金	
	繰　越　商　品	
	買　　掛　　金	
	借　　入　　金	
	資　　本　　金	
	売　　　　　　上	
	仕　　　　　　入	
	支　払　家　賃	
	通　信　費	

解　答

残高試算表

借　　方	勘定科目	貸　　方
72,000	現　　　　　　金	
110,000	普　通　預　金	
93,000	売　　掛　　金	
14,000	繰　越　商　品	
	買　　掛　　金	40,000
	借　　入　　金	5,000
	資　　本　　金	128,000
	売　　　　　　上	340,000
206,000	仕　　　　　　入	
12,000	支　払　家　賃	
6,000	通　信　費	
513,000		513,000

解 説

各取引の仕訳は以下のとおり。

1日	仕　　入	20,000	/	買　掛　金	20,000
2日	売　掛　金	70,000	/	売　　上	70,000
5日	現　　金	50,000	/	売　　上	50,000
7日	仕　　入	20,000	/	現　　金	20,000
9日	仕　　入	60,000	/	買　掛　金	60,000
10日	現　　金	40,000	/	普通預金	40,000
13日	仕　　入	20,000	/	現　　金	20,000
16日	現　　金	30,000	/	売　　上	30,000
18日	買　掛　金	50,000	/	普通預金	50,000
20日	仕　　入	30,000	/	現　　金	30,000
22日	売　掛　金	50,000	/	売　　上	50,000
25日	普通預金	60,000	/	売　掛　金	60,000
29日	現　　金	20,000	/	売　　上	20,000

上記の各仕訳を転記すると以下のようになる。

現　金

4/1	2,000	4/7	20,000
5	50,000	13	20,000
10	40,000	20	30,000
16	30,000		
29	20,000		
	142,000		70,000
残高	72,000		

普通預金

4/1	140,000	4/10	40,000
25	60,000	18	50,000
	200,000		90,000
残高	110,000		

売　掛　金

4/1	33,000	4/25	60,000
2	70,000		
22	50,000		
	153,000		60,000
残高	93,000		

買　掛　金

4/18	50,000	4/1	10,000
		〃	20,000
		9	60,000
	50,000		90,000
		残高	40,000

仕　入

4/1	56,000
〃	20,000
7	20,000
9	60,000
13	20,000
20	30,000
残高	206,000

売　上

4/1	120,000
2	70,000
5	50,000
16	30,000
22	50,000
29	20,000
残高	340,000

例題 16-2

×2年3月31日の残高試算表と次の×2年4月中の取引にもとづいて4月末の残高試算表を作成しなさい。

残 高 試 算 表

借　　方	勘 定 科 目	貸　　方
2,000	現　　　　　　金	
140,000	普　通　預　金	
33,000	売　　掛　　金	
14,000	繰　越　商　品	
	買　　掛　　金	10,000
	借　　入　　金	5,000
	資　　本　　金	128,000
	売　　　　　　上	120,000
56,000	仕　　　　　　入	
12,000	支　払　家　賃	
6,000	通　　信　　費	
263,000		263,000

×2年4月中の取引

（1）現金に関する取引

　a. 売上代金の受取り　　　　　¥ 100,000
　b. 普通預金口座からの引出し　¥ 40,000
　c. 仕入代金の支払い　　　　　¥ 70,000

（2）普通預金に関する取引

　a. 現金の引出し　　　¥ 40,000
　b. 掛代金の回収　　　¥ 60,000
　c. 掛代金の支払い　　¥ 50,000

（3）仕入に関する取引

　a. 現金仕入　　　¥ 70,000
　b. 掛仕入　　　　¥ 80,000

（4）売上に関する取引

　a. 現金売上　　　¥ 100,000
　b. 掛売上　　　　¥ 150,000

残高試算表

借　方	勘定科目	貸　方
	現　　　　　金	
	普　通　預　金	
	売　　掛　　金	
	繰　越　商　品	
	買　　掛　　金	
	借　　入　　金	
	資　　本　　金	
	売　　　　　上	
	仕　　　　　入	
	支　払　家　賃	
	通　信　費	

解　答

残高試算表

借　方	勘定科目	貸　方
72,000	現　　　　　金	
110,000	普　通　預　金	
93,000	売　　掛　　金	
14,000	繰　越　商　品	
	買　　掛　　金	40,000
	借　　入　　金	5,000
	資　　本　　金	128,000
	売　　　　　上	340,000
206,000	仕　　　　　入	
12,000	支　払　家　賃	
6,000	通　信　費	
513,000		513,000

　×2年4月中の取引を仕訳すると以下のとおり。

（1）現金に関する取引

a. 現　　金　100,000 / 売　　　上　100,000
b. 現　　金　 40,000 / 普通預金　 40,000
c. 仕　　入　 70,000 / 現　　　金　 70,000

（2）普通預金に関する取引

a. 現　　金　 40,000 / 普通預金　 40,000
b. 普通預金　 60,000 / 売 掛 金　 60,000
c. 買 掛 金　 50,000 / 普通預金　 50,000

（3）仕入に関する取引

a. 仕　　入　 70,000 / 現　　　金　 70,000
b. 仕　　入　 80,000 / 買 掛 金　 80,000

（4）売上に関する取引

a. 現　　金　100,000 / 売　　　上　100,000
b. 売 掛 金　120,000 / 売　　　上　120,000

　本問も例題16－1と同じように，各勘定に転記すればよいのであろうか。そこで現金勘定を例に，現金勘定が登場する仕訳とそれを転記した現金勘定の記入内容は以下のとおりとなる。

現金に関する取引	①	現　　金	100,000	/	売　　上	100,000
	②	現　　金	40,000	/	普通預金	40,000
	③	仕　　入	70,000	/	現　　金	70,000
普通預金に関する取引	④	現　　金	40,000	/	普通預金	40,000
仕入に関する取引	⑤	仕　　入	70,000	/	現　　金	70,000
売上に関する取引	⑥	現　　金	100,000	/	売　　上	100,000

<table>
<tr><th colspan="4">現　　　　金</th></tr>
<tr><td>①売　　　上</td><td>100,000</td><td>③仕　　　入</td><td>70,000</td></tr>
<tr><td>②普通預金</td><td>40,000</td><td>⑤仕　　　入</td><td>70,000</td></tr>
<tr><td>④普通預金</td><td>40,000</td><td></td><td></td></tr>
<tr><td>⑥売　　　上</td><td>100,000</td><td></td><td></td></tr>
</table>

　上記の現金勘定には「相手勘定と金額」の組み合わせが同じである記入がある（①と⑥，②と④，③と⑤）。これはなぜか。本問の問題形式は，例題16－1とは異なり，主要な勘定の取引内容ごとの集計結果が資料として示されているが，問題となるのは相手勘定も主要な勘定の場合である。

　たとえば現金勘定と売上勘定という2つの主要な勘定が登場する「商品¥＊＊＊を売り上げ，代金は現金で受け取った」という取引は，資料において「（1）現金に関する取引」の「現金売上」（本問では（1）a）として，「（2）売上に関する取引」の「現金売上」（本問では（4）a）として示される。つまり「現金売上」が2カ所で示されるのである。よって資料を基に仕訳を切ると「現金＊＊＊／売上＊＊＊」という仕訳が2カ所（本問では①と⑥）で発生し（これを**二重仕訳**という。なお①と⑥以外の二重仕訳は②と④，③と⑤である），

これに基づいて転記すると1つの取引の両勘定についてそれぞれ2回の転記（これを**二重転記**という）が行われ（本問の現金勘定では①と⑥，②と④，③と⑤），勘定の金額は2倍になる。

それではどのような対応を取ればよいのか。二重転記が起きるのは借方と貸方のそれぞれに主要な勘定が登場する取引の場合である。本問の場合，二重転記の可能性がある組み合わせは以下のとおりである（仕入＊＊＊／売上＊＊＊という取引は発生しない）。

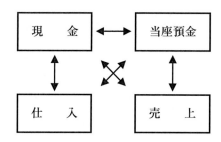

二重転記を避けるための1つの工夫として，主要な勘定で集計されている他の主要な勘定は転記しない，という方法である。以下のように該当する勘定の前に「×」を付け，その勘定については転記しない。これにより二重転記が避けられる。

現金に関する取引	①	現　　金	100,000	/	×売　　上	100,000
	②	現　　金	40,000	/	×普通預金	40,000
	③	×仕　　入	70,000	/	現　　金	70,000
普通預金に関する取引	④	×現　　金	40,000	/	普通預金	40,000
仕入に関する取引	⑤	仕　　入	70,000	/	×現　　金	70,000
売上に関する取引	⑥	×現　　金	100,000	/	売　　上	100,000

現　　　金

①売　　上	100,000	③仕　　入	70,000
②普通預金	40,000	⑤仕　　入	~~70,000~~
④~~普通預金~~	~~40,000~~		
⑥~~売　　上~~	~~100,000~~		

練習問題 EXERCISE

（1）次の取引について仕訳と転記をして，残高試算表を作成せよ。

　　　6月1日　1株当たり￥500で1,600株の株式を発行し，合計￥800,000の払込みを受けて株式会社を設立した。払込金はすべて普通預金口座に預け入れられた。

　　　　5日　営業車￥150,000を購入し，普通預金口座から支払った。

　　　12日　A社に￥100,000を貸し付け，普通預金口座から振り込んだ。

　　　18日　電話代￥3,000を普通預金口座で支払った。

　　　22日　給料￥15,000を普通預金口座で支払った。

　　　30日　貸付金の利息￥30,000が普通預金口座に振り込まれた。

6月1日	/
5日	/
12日	/
18日	/
22日	/
30日	/

普通預金　　　　1

受取利息　　　　12

通信費　　　　15

貸付金　　　　3

車両運搬具　　　　6

資本金　　　　8

給料　　　　18

残高試算表

借　方	元丁	勘定科目	貸　方
		普　通　預　金	
		貸　付　金	
		車　両　運　搬　具	
		資　本　金	
		受　取　利　息	
		通　信　費	
		給　料	

（2）下記のＡ社の資料に基づいて①仕訳，②元帳への転記，③残高試算表の作成をしなさい。会計期間は×2年9月1日から9月30日である。

9月1日　1株当たり￥50で1,600株の株式を発行し，合計￥80,000の払込みを受けて株式会社を設立した。払込金はすべて普通預金口座に預け入れられた。

3日　銀行より￥10,000を借り入れ，普通預金口座に振り込まれた。

4日　営業用車両￥20,000を購入し，普通預金口座から支払った。

13日　仲介手数料￥30,000が普通預金口座に振り込まれた。

20日　事務用コンピュータ￥23,000を購入し，普通預金口座より振り込んだ。

25日　従業員への給料￥30,000を普通預金口座より支払った。

26日　仲介手数料￥40,000が普通預金口座に振り込まれた。

30日　借入れにかかる利息￥4,000を普通預金口座から支払った。

①

9月1日	/
3日	/
4日	/
13日	/
20日	/
25日	/
26日	/
30日	/

②

普通預金　　　　　　　　　　　　　車両運搬具

備品　　　　　　　　　　　　　　　借入金

資　本　金	受取手数料

給　　料	支払利息

③

残 高 試 算 表

借　　方	元丁	勘 定 科 目	貸　　方
		普　通　預　金	
		車　両　運　搬　具	
		備　　　　品	
		借　入　金	
		資　本　金	
		受　取　手　数　料	
		給　　　　料	
		支　払　利　息	

（3）以下の×2年1月中の取引は次のとおりである。同取引を集計して，合計残高試算表を作成しなさい。なお，×1年12月31日時点の残高は，現金¥100,000，当座預金¥50,000，売掛金¥40,000，支払手形¥50,000，買掛金¥40,000，資本金¥100,000である。

（1）現金に関する取引

    a. 商品受注に伴う手付金の受領　　　　　　　　¥20,000

    b. 従業員の旅費の概算額での支払い　　　　　　¥30,000

    c. 電気代の支払い　　　　　　　　　　　　　　¥10,000

    d. 当座預金への振込み　　　　　　　　　　　　¥10,000

    e. 商品の売上げ　　　　　　　　　　　　　　　¥50,000

（2）当座預金に関する取引

    a. 手形代金の引き落とし　　　　　　　　　　　¥30,000

    b. 買掛金の支払い　　　　　　　　　　　　　　¥20,000

    c. 売掛金の回収　　　　　　　　　　　　　　　¥50,000

    d. 商品の仕入れ　　　　　　　　　　　　　　　¥40,000

    e. 現金の入金　　　　　　　　　　　　　　　　¥10,000

（3）仕入に関する取引

    a. 小切手振出しによる仕入れ　　　　　　　　　¥40,000

    b. 約束手形振出しによる仕入れ　　　　　　　　¥30,000

    c. 掛け仕入れ　　　　　　　　　　　　　　　　¥20,000

（4）売上に関する取引

    a. 約束手形の受け入れによる売上げ　　　　　　¥30,000

    b. 掛け売上げ　　　　　　　　　　　　　　　　¥20,000

    c. 相手先振出しの小切手受け入れによる売上げ　¥50,000

合計残高試算表

借方		勘定科目	貸方	
残　高	合　計		合　計	残　高
		現　　　　金		
		当　座　預　金		
		受　取　手　形		
		売　　掛　　金		
		仮　　払　　金		
		支　払　手　形		
		買　　掛　　金		
		前　　受　　金		
		資　　本　　金		
		売　　　　上		
		仕　　　　入		
		水　道　光　熱　費		

（4）次の資料に基づいて，×2年10月末現在の合計残高試算表を作成しなさい。

（A）×2年10月25日現在の合計試算表

合 計 試 算 表

借　　方	勘 定 科 目	貸　　方
160,000	現　　　　　　　金	50,000
620,000	当　座　預　金	300,000
850,000	売　　掛　　金	150,000
500,000	繰　越　商　品	
50,000	前　　払　　金	
30,000	仮　　払　　金	
10,000	立　　替　　金	
50,000	備　　　　　　品	
	買　　掛　　金	400,000
	前　　受　　金	60,000
	仮　　受　　金	100,000
	資　　本　　金	1,000,000
	売　　　　　　上	690,000
450,000	仕　　　　　　入	
30,000	雑　　　　　　費	
2,750,000		2,750,000

（注）1．前払金￥50,000は仕入先に対する注文品の内金である。
　　　2．前受金￥60,000は得意先からの商品代金の一部である。
　　　3．立替金￥10,000は従業員の電気代の立替えである。
　　　4．仮払金￥30,000は概算で支払った従業員の出張旅費である。
　　　5．仮受金￥100,000は出張中の従業員からの理由が不明の送金である。

（B）×2年10月26日から月末までの取引

　27日　本日売上：現金￥10,000　掛け￥50,000
　　　　　給料￥70,000の支払いにあたり，立替分を差し引き，残額を現金で支給
　　　　　した。家賃￥30,000は小切手を振り出して支払った。
　28日　本日売上：￥250,000（前受金￥60,000を差し引いた残額は掛けとする）
　　　　　本日仕入：掛け￥100,000
　　　　　売掛金￥200,000を相手先振出しの小切手で回収し，ただちに当座預金
　　　　　とした。
　29日　営業用机￥400,000を購入し，代金は来月末払いの約束とした。

30日　本日仕入：¥ 300,000（代金は前払金を差し引き，残額は小切手を振り
　　　出して支払った）
　　　出張中の従業員が帰社し，旅費残額¥ 3,000 を現金で戻し入れた。先の
　　　送金は売掛金の回収分であることが判明した。

合 計 残 高 試 算 表

借　方		勘定科目	貸　方	
残　　　高	合　　　計		合　　　計	残　　　高
		現　　　　　金		
		当 座 預 金		
		売　　掛　　金		
		繰 越 商 品		
		前　　払　　金		
		仮　　払　　金		
		立　　替　　金		
		備　　　　　品		
		買　　掛　　金		
		前　　受　　金		
		未　　払　　金		
		仮　　受　　金		
		資　　本　　金		
		売　　　　　上		
		仕　　　　　入		
		給　　　　　料		
		旅 費 交 通 費		
		支 払 家 賃		
		雑　　　　　費		

第**17**回 決算整理① 商品売買損益の計算

1 商品売買損益の計算の概要

　商品売買損益は売上高から売り上げた商品の原価である**売上原価**を差し引くことにより求められる。売上高が売上原価を上回れば商品売買益（これを**売上総利益**ともいう）が，下回れば商品売買損（これを**売上総損失**ともいう）が計上される。売上高は売上勘定の残高から把握できるが，売上原価は仕入れた商品の原価が記録されている仕入勘定の残高から把握できるであろうか。

　仕入勘定の残高が売上原価と一致することは，①期首に前期から繰り越された在庫がある場合，②決算前に当期に仕入れたが未販売の商品がある場合，および①と②の両方がある場合，一致しない。そこで仕入勘定の残高を売上原価に修正するための手続きが必要となる。

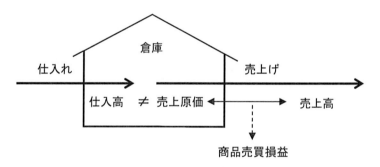

商品売買益＝売上高－売上原価

2 売上原価を計算するための仕訳と勘定記入

1．売上原価の計算

　上述の場合，仕入高と売上原価は一致しないので仕入高を売上原価に修正するための手続きが必要になる。もっとも原始的な売上原価の把握の方法は，販売の都度，原価を確認することである。しかし，大量かつ多種にわたる商品を扱う会社にとって売り上げるたびに原価を確認することはきわめて煩雑な作業である。そこで実務上，売上原価の把握にそのような直接的な手続きは用いられず，間接的に計算する方法が採用されている。間接的な計算に必要な要素は，

① **期首商品棚卸高**：期首の在庫

② **当期仕入高**：当期に仕入れた商品

③ **期末商品棚卸高**：期末の在庫

の３つである。

　このうち①と②を合計することにより当期に販売可能であった商品の総額（倉庫に入った商品の原価）が計算される。そこから期末に未販売の商品を差し引くと間接的に売り上げた商品の原価（倉庫から出て行った商品の原価）が計算されるのである。これを以下の例をもとに説明する。

①	期首商品棚卸高	￥ 30
②	当期仕入高	￥ 50
③	期末商品棚卸高	￥ 10
	売上原価	￥ 70

　①と②を合計して当期に販売可能な商品の原価（倉庫に入った商品の原価）を計算し，そこから決算前に未販売の商品の原価（倉庫に残っていた商品の原価）を差し引くことにより，間接的に売上原価を把握する。

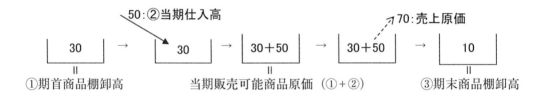

　これを式で表すと以下のとおりとなる。

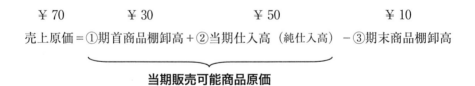

２．会計処理と勘定記入

　以上で説明した売上原価の計算は以下の２つの仕訳により行われる。売上原価を計算する勘定は仕入勘定である。なお，次ページで説明するように売上原価勘定を設定する方法もある。

当期販売可能商品原価の計算（a）	仕 　入 ＊＊＊ ／ 繰越商品 ＊＊＊
売上原価の計算（b）	繰越商品 ＊＊＊ ／ 仕 　入 ＊＊＊

　まず当期販売可能商品原価（①＋②）を計算するために，決算前では期首在庫を意味する繰越商品勘定の全額を仕入勘定に振り替えて（振替の意義は第21回2を参照），合算する（a）。ここでいったん繰越商品勘定の残高はゼロになる。

　次に期末在庫を仕入勘定の貸方に記入して売上原価を計算し，同額を繰越商品勘定の借方に記入して次期に繰り越す（b）。この結果，決算前とは異なり，繰越商品勘定の意味は期末在庫である。勘定間の関係は以下のとおりである。

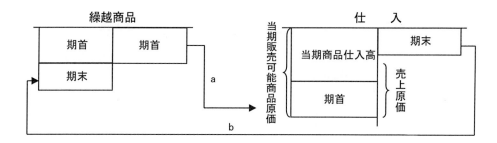

　なお，売上原価の計算を仕入勘定ではなく，**売上原価勘定**（費用）を決算時に設定して行うことがある。その場合の仕訳は以下のとおり。

当期仕入高の売上原価勘定への振り替え	売上原価 ＊＊＊ ／ 仕 　入 ＊＊＊
当期販売可能商品原価の計算（a）	売上原価 ＊＊＊ ／ 繰越商品 ＊＊＊
売上原価の計算（b）	繰越商品 ＊＊＊ ／ 売上原価 ＊＊＊

例題 17-1 以下の資料をもとに売上原価の計算に必要な決算整理仕訳と売上原価の金額を計算せよ。

	期首商品棚卸高	当期仕入高	期末商品棚卸高
1	200	1,600	300
2	477	3,200	321
3	2,444	14,970	900

解答		決算整理仕訳				売上原価
1	仕　　　入	200	繰越商品	200		1,500
	繰越商品	300	仕　　　入	300		
2	仕　　　入	477	繰越商品	477		3,356
	繰越商品	321	仕　　　入	321		
3	仕　　　入	2,444	繰越商品	2,444		16,514
	繰越商品	900	仕　　　入	900		

3 商品売買損益計算のための仕訳と勘定記入

　商品売買損益を計算するためには，上記の2つの仕訳により計算された売上原価と売上高を比較する必要があるが，それを行う場所は仕入勘定，売上勘定のどちらでもなく，決算時にだけ設定される**損益勘定**である。ここに売上原価と売上高を振り替えて商品売買損益を計算する。

　具体的には，仕入勘定で計算された売上原価を，仕入勘定の貸方に仕入勘定の残高を記入して残高をゼロにし，同額を損益勘定の借方に記入して振り替える（a）。売上高も同様に，売上勘定の借方に売上勘定の残高を記入して残高をゼロにして，同額を損益勘定の貸方に記入して振り替える。以上をまとめると，以下の仕訳と勘定の関係となる。

売上原価の損益勘定への振替（a）	損　　益　＊＊＊　／　仕　　入　＊＊＊
売上高の損益勘定への振替（b）	売　　上　＊＊＊　／　損　　益　＊＊＊

例題 17-2	商品売買損益を計算するための決算整理仕訳と商品売買損益の金額を計算せよ。なお，商品売買損失の場合は金額の前に△をつけること。

	期首商品棚卸高	当期仕入高	期末商品棚卸高	売上高
1	324	1,578	333	2,000
2	666	3,056	647	1,544
3	988	1,987	1,200	3,400

	決算整理仕訳	商品売買損益
1	仕　入　324　/　繰越商品　324 繰越商品　333　/　仕　入　333 損　益　1,569　/　仕　入　1,569 売　上　2,000　/　損　益　2,000	431
2	仕　入　666　/　繰越商品　666 繰越商品　647　/　仕　入　647 損　益　3,075　/　仕　入　3,075 売　上　1,544　/　損　益　1,544	△ 1,531
3	仕　入　988　/　繰越商品　988 繰越商品　1,200　/　仕　入　1,200 損　益　1,775　/　仕　入　1,775 売　上　3,400　/　損　益　3,400	1,625

用語の整理

1. 商品売買益のことを（　①　）ともいう。商品売買損益で使われる売上高は，（　②　）売上高から売上戻り高を差し引いた（　③　）売上高である。
2. 売上原価＝（　①　）＋（　②　）－（　③　）
3. 売上原価を計算するための仕訳の1行目の意味は（　①　）の計算で，2行目の意味は（　②　）の計算である。

解 答

1	①売上総利益，②総，③純
2	①期首商品棚卸高，②当期仕入高，③期末商品棚卸高
3	①当期販売可能商品原価の計算，②売上原価の計算

仕訳の整理

売上原価の計算：仕入勘定で

当期販売可能商品原価の計算	仕　入　＊＊＊　/　繰越商品　＊＊＊
売上原価の計算	繰越商品　＊＊＊　/　仕　入　＊＊＊

売上原価の計算：仕入勘定で

当期仕入高の売上原価勘定への振替	売上原価　＊＊＊　/　仕　入　＊＊＊
当期販売可能商品原価の計算	売上原価　＊＊＊　/　繰越商品　＊＊＊
売上原価の計算	繰越商品　＊＊＊　/　売上原価　＊＊＊

損益勘定への振り替え

売上原価の損益勘定への振替	損　　益　＊＊＊　/　仕　　入　＊＊＊
売上高の損益勘定への振替	売　　上　＊＊＊　/　損　　益　＊＊＊

練習問題　EXERCISE

（1）以下の資料にもとづき，①商品売買損益の計算に必要な仕訳，②売上原価の金額，③商品売買損益の金額を示せ。なお，商品売買損益の金額がマイナスの場合は金額の前に△をつけること。

期首商品棚卸高　　　￥42,000
当期仕入高　　　　　￥620,000
期末商品棚卸高　　　￥35,000
売上高　　　　　　　￥1,480,000

/	
/	
/	
/	

売上原価：￥＿＿＿＿＿＿＿＿　商品売買損益：￥＿＿＿＿＿＿＿＿＿

（2）次のようにA商品が取引されている。このとき，期末商品棚卸高，売上原価および売上総利益（商品売買益）を，①先入先出法，②移動平均法によって求めなさい。

1月 1日　前期繰越　　 7個　@￥220　￥1,540
　　 5日　仕　入　　　10個　@￥186　￥1,860
　　10日　売　上　　　11個　@￥320　￥3,520
　　15日　仕　入　　　 8個　@￥235　￥1,880
　　20日　売　上　　　 8個　@￥350　￥2,800

①　先入先出法
　　期末商品棚卸高（　　　　　）売上原価（　　　　　）売上総利益（　　　　　）
②　移動平均法
　　期末商品棚卸高（　　　　　）売上原価（　　　　　）売上総利益（　　　　　）

第**18**回 決算整理② 減価償却，貸倒引当金，法人税等

1 減価償却

1．減価償却の意義

　有形固定資産は，使用により，あるいは時間の経過により，物理的にあるいは機能的に価値は減少していく。資産の価値が減少したのであれば，その金額を計算し，有形固定資産の価額を修正する必要がある。同時に，その価値減少は，有形固定資産が収益獲得に貢献した結果であると考え，これを費用として減価償却費勘定に計上する必要もある。

　ところが，有形固定資産の価値の減少額を客観的に把握できないので正確に計算することは困難である。そこで価値の減少について何らかの仮定を設けて減少額を計算し，減価償却費を計上することになる。この一連の手続きを**減価償却**という。

　減価償却を実施する資産は，建物，備品など，長期間にわたって使用することが可能な有形固定資産である。したがって，消耗品のように使用可能期間が1年未満の資産や，土地のように使用により価値が減少しない資産については適用しない。

2．減価償却の手続き

a．減価償却の概要

　減価償却には，**取得原価**（第14回参照），廃棄される際の有形固定資産の見積処分価額である**残存価額**，使用可能期間である**耐用年数**の3つの要素が必要である。なお減価償却の計算には時間を基準にする方法と生産高を基準にする方法があるが，ここでは時間を基準にする方法の1つである**定額法**という，耐用年数にわたって資産の価値が毎期同額ずつ減少すると仮定するため，毎期一定額を減価償却費として計上する方法について説明する。

b．減価償却の会計処理

　定額法による減価償却費の計算は，取得原価から残存価額を差し引いた額を耐用年数で割ることで求められる。なお，期中に取得あるいは売却した場合は保有する月数分の減価償却費を計上する。よって期中に取得した場合は取得した月から期末まで，期中に売却した場合は期首から売却した月までの減価償却費を計上する。

$$\frac{\text{取得原価} - \text{残存価額}}{\text{耐用年数}} = \text{毎期の減価償却費}$$

減価償却に関する会計処理は，計算された減価償却費を**減価償却費勘定**（費用）と過去に計上された減価償却費を積み立てる**減価償却累計額勘定**に計上する以下の仕訳を切ることにより行われる。

減 価 償 却 費　　＊＊＊　　/　　減価償却累計額　　＊＊＊

　減価償却累計額勘定は，減価償却の対象となる資産の取得から前期末までの減価償却費が積み立てられていて，取得原価と比較することにより期末の価額である**帳簿価額**（あるいは**簿価**という）を示すための**評価勘定**である。なお，評価勘定とは資産の価額を修正するための勘定であり，資産・負債・純資産・費用・収益のどれにも属さない。他の例としてこの後に説明する貸倒引当金勘定がある。

例題 18-1　決算あたり当期の期首に購入した事業用のコンピュータ￥1,000,000について，残存価額をゼロ，耐用年数を5年とする定額法により減価償却を行う。必要な仕訳をしなさい。

解答　　減 価 償 却 費　200,000　/　備品減価償却累計額　200,000

解説　備品の残存価額はゼロ，耐用年数は5年間であり，定額法によって減価償却を行うので，前述の式に各数値を代入すると毎期の減価償却費は￥200,000となる（計算式は￥1,000,000 ÷ 5年＝￥200,000）。
　減価償却累計額については，**備品**減価償却累計額のように，減価償却の対象となる有形固定資産の名称を冒頭につける。

3．有形固定資産の売却

　使用中の有形固定資産は，何らかの理由によって不要となり売却されることがある。その際，売却価額が有形固定資産の帳簿価額よりも高い場合にはその差額を**固定資産売却益勘定**（収益）（①）に，売却価額が有形固定資産の帳簿価額よりも低い場合にはその差額を**固定資産売却損勘定**（費用）（②）に計上する。
　売却損益を計算するために売却価額と比較する有形固定資産の帳簿価額は，期首の減価償却累計額と期首から売却までの減価償却費の合計額を取得原価から控除することで求められる。式で表すと以下のようになる。

　　帳簿価額＝取得原価－（期首の減価償却累計額＋期首から売却までの減価償却費）

　取得原価，減価償却累計額＋減価償却費，帳簿価額，売却価額，売却損益の関係を図で表すと以下のとおりである。

①未償却残高＜売却価額	未 収 入 金 ＊＊＊ 建物減価償却累計額 ＊＊＊	建 物 ＊＊＊ 固定資産売却益 ＊＊＊
②未償却残高＞売却価額	未 収 入 金 ＊＊＊ 建物減価償却累計額 ＊＊＊ 固定資産売却損 ＊＊＊	建 物 ＊＊＊

＊建物の売却で代金は後日受け取りの場合。

例題 18-2

次の取引を仕訳しなさい。なお会計期間は1月1日から12月31日である。

3月31日 取得原価￥3,000,000，減価償却累計額￥2,200,000の事務用コンピュータを￥100,000で売却し，代金は相手先振出しの小切手で受け取った。なお，当該資産については，残存価額をゼロ，耐用年数を10年とする定額法により減価償却を行っている。

9月30日 取得原価￥600,000，減価償却累計額￥480,000の営業用のオートバイを￥200,000で売却し，代金のうち￥100,000は現金で受け取り，残額は後日受け取ることとした。なお，当該資産については，残存価額をゼロ，耐用年数を5年とする定額法により減価償却を行っている。

解 答

3月31日
現 金	100,000	備 品	3,000,000
備品減価償却累計額	2,200,000		
減 価 償 却 費	75,000		
固 定 資 産 売 却 損	625,000		

9月30日
現 金	100,000	車 両 運 搬 具	600,000
未 収 入 金	100,000	固 定 資 産 売 却 益	170,000
建物減価償却累計額	480,000		
減 価 償 却 費	90,000		

解 説

3月31日：売却までの3ヵ月間の減価償却費￥75,000が計上される。売却時点での未償却残高が￥725,000（＝￥3,000,000－（￥2,200,000＋￥75,000））の事務用コンピュータを￥100,000で売却したので￥625,000の売却損が計上される。

9月30日：売却までの9ヵ月間の減価償却費￥90,000が計上される。売却時点での未償却残高が￥30,000（＝￥600,000－（￥480,000＋￥90,000））の営業用オートバイを￥200,000で売却したので￥170,000の売却益が計上される。

4. 貸借対照表での表示形式

　財務諸表の役割は会社の実態を表示することなので，貸借対照表では，有形固定資産の取得原価，減価償却累計額，両者の差額である帳簿価額を記載する。具体的な表示形式は以下のとおりである。なお仕訳の場合とは異なり，貸借対照表では「減価償却累計額」の前にそれぞれの有形固定資産の名称は付けない。

建　　　物	300,000	
減価償却累計額	△ 150,000	150,000
備　　　品	500,000	
減価償却累計額	△ 25,000	475,000

5. 固定資産台帳

　固定資産台帳とは，会社が事業のために使用している固定資産を管理するための台帳である。記入内容は，会社が保有する有形固定資産を管理するために必要な会計情報を記載する。

固定資産台帳　　　　　　　×2年3月31日現在

取得年月日	名称等	期末数量	耐用年数	期首(期中取得)取得原価	期首減価償却累計額	差引期首(期中取得)帳簿価額	当期減価償却費
備品							
×年1月1日	備品A						

例題18-3　以下の固定資産台帳を元に決算整理仕訳を切りなさい。

固定資産台帳　　　　　　　×9年12月31日現在

取得年月日	名称等	期末数量	耐用年数	期首(期中取得)取得原価	期首減価償却累計額	差引期首(期中取得)帳簿価額	当期減価償却費
備品							
×6年5月1日	備品A	1	10	300,000	80,000	220,000	30,000
×7年1月1日	備品B	1	8	800,000	200,000	600,000	100,000
×8年3月1日	備品C	1	4	600,000	125,000	475,000	150,000
小　　　計				1,700,000	405,000	1,295,000	280,000

| **解　答** | 減 価 償 却 費　280,000　/　備品減価償却累計額　280,000 |

| **解　説** | 固定資産台帳の「当期減価償却費」欄の合計額を使う。 |

2 貸倒引当金

1．貸倒引当金の意義

　当期に発生した債権が当期中に貸し倒れた場合は，第13回で学んだように直接に債権額を減額する。それに対して，期末の債権の一部が貸し倒れる可能性が高い場合は，実際に回収不能になったわけではないので減額できない。しかし回収不能の可能性が高く，その金額を合理的に見積もることができる状況で会計上の対応をなにもしなければ会社の内外の情報利用者は会社の実態を適切に把握することができない。そこで，債権額とともに見積もられた回収不能見込額を表す貸倒引当金という評価勘定を示して会社の実質的な債権額を表示するのである。

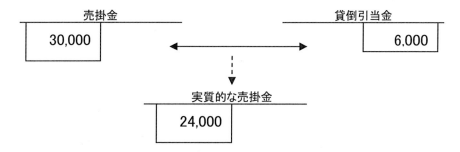

2．貸倒引当金の残高がある場合の貸倒れの処理

　貸倒引当金勘定の残高がある状況で貸倒れが発生した場合，その金額を貸倒引当金勘定の借方に記入するとともに，債権の勘定を減額する処理を行う。貸倒引当金の残高よりも貸倒れた債権額が大きい場合には，その差額を貸倒損失勘定で処理する。

引当金残高＞回収不能額	貸倒引当金　＊＊＊　/　債　　権　＊＊＊
引当金残高＜回収不能額	貸倒引当金　＊＊＊　/　債　　権　＊＊＊ 貸 倒 損 失　＊＊＊　/

| **例　題
18-4** | 次のA社における取引を仕訳しなさい。
（1）得意先B社が倒産し，B社に対する売掛金￥300,000が貸倒れとなった。　なお，貸倒引当金勘定の残高は￥400,000である。
（2）得意先C社が倒産し，C社に対する売掛金￥500,000が貸倒れとなった。　なお，貸倒引当金勘定の残高は￥100,000である。 |

（1）　　貸倒引当金　　300,000　/　売　掛　金　　300,000

（2）　　貸倒引当金　　100,000　/　売　掛　金　　500,000
　　　　　貸 倒 損 失　　400,000　/

（2）貸倒引当金勘定の残高が¥100,000であるのに対して¥500,000が貸し倒れたので残りの¥400,000には貸倒引当金の設定がされていないとみなし，その部分を貸倒損失勘定に計上する。

3．貸倒引当金の設定

a．貸倒引当金設定の概要

決算で貸倒引当金を設定する場合，設定額は債権額に繰入率（貸倒実績率）を乗じて計算する（これを**貸倒実績率法**という）。決算前の貸倒引当金勘定に残高がない場合は計算結果をそのまま貸倒引当金勘定に計上すれば良いが，残高がある場合には**残高を設定額に修正**する必要がある。この手続きを**差額補充法**という。

b．貸倒引当金の会計処理

貸倒引当金勘定の残高よりも見積もられた貸倒引当金の金額の方が多い場合（**期末残高＜見積額**）には，その差額分，貸倒引当金勘定を**増額**し，同額を**貸倒引当金繰入勘定**（費用）に計上する。一方，貸倒引当金勘定の残高よりも見積もられた貸倒引当金の金額の方が少ない場合（**期末残高＞見積額**）には，その差額分，貸倒引当金勘定を**減額**し，同額を**貸倒引当金戻入勘定**（収益）に計上する。仕訳は以下のとおりである。

ケース1：増額	貸倒引当金繰入　＊＊＊　/　貸 倒 引 当 金　＊＊＊
ケース2：減額	貸 倒 引 当 金　＊＊＊　/　貸倒引当金戻入　＊＊＊

例を使って説明する。前期末に設定した貸倒引当金である期首の貸倒引当金勘定の残高は¥90，期中に¥30の債権が回収不能になったので期末の貸倒引当金残高は¥60になっている。決算になり新たに貸倒引当金を設定するが，**増額**する場合（ケース1）と**減額**する場合（ケース2）のそれぞれの流れは以下のとおりである。

ケース1は，貸倒引当金の設定額は¥90である（①）。決算前の貸倒引当金勘定の残高は¥60なので貸倒引当金を¥30増額する必要がある（②）ので貸倒引当金勘定の貸方に¥30を記入する。

ケース2は，貸倒引当金の設定額は¥20である（③）。決算前の貸倒引当金勘定の残高は¥60なので貸倒引当金を¥40減額する必要がある（④）ので貸倒引当金勘定の借方に¥40を記入する。

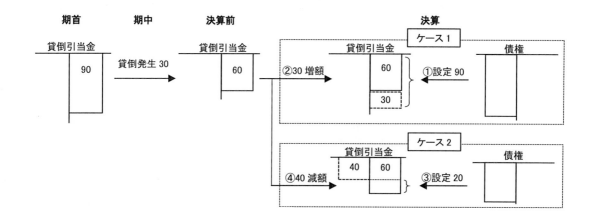

例 題 18-5	次の取引を仕訳しなさい。 期末の売掛金勘定の残高￥20,000,000 に対して，2 ％の貸倒引当金を設定した。前期に貸倒引当金を設定していない。

解 答	貸倒引当金繰入 400,000 / 貸 倒 引 当 金 400,000

解 説	貸倒引当金設定額は，期末の売掛金勘定の残高￥20,000,000 × 2 ％＝￥400,000 となる。

例 題 18-6	次の取引を仕訳しなさい。 期末の売掛金勘定の残高￥20,000,000 に対して，2 ％の貸倒引当金を設定した。なお，決算前の貸倒引当金勘定の残高は￥80,000 である。

解 答	貸倒引当金繰入 320,000 / 貸 倒 引 当 金 320,000

解 説	貸倒引当金の設定額は，期末の売掛金勘定の残高￥20,000,000 × 2 ％－貸倒引当金残高￥80,000 ＝￥320,000 となる。

例 題 18-7	次の取引を仕訳しなさい。 期末の売掛金勘定の残高￥20,000,000 に対して，2 ％の貸倒引当金を設定した。なお，決算前の貸倒引当金勘定の残高は￥420,000 である。

解 答	貸 倒 引 当 金 20,000 / 貸倒引当金戻入 20,000

解 説	設定すべき貸倒引当金は，期末の売掛金勘定の残高￥20,000,000 × 2 ％＝￥400,000 であるが，決算前の貸倒引当金勘定の残高が￥420,000 あるため，当期に設定すべき金額よりも￥20,000 多い。したがって￥20,000 は貸

倒引当金勘定の残高から減額する。

4．貸借対照表での表示形式

　貸借対照表において会社の実態を表示するために，債権とともに貸倒引当金を併記して債権の回収可能見込額を表示する必要がある。具体的には，以下のように当該債権の下の行に表示科目である貸倒引当金と引き算を意味する△を付けた金額を，隣の列に計算結果である回収可能見込額を記載する。

売　掛　金	200,000	
貸倒引当金	△ 10,000	190,000

3　貯蔵品

　郵便切手や収入印紙などは，購入時はそれぞれ**通信費勘定**，**租税公課勘定**という費用勘定に計上されるが，これらは換金性が高いので，決算前に判明した未使用分は資産管理を目的に**貯蔵品勘定**（資産）に振り替える。翌期首になったら再振替仕訳を切り，通信費勘定，租税公課勘定に戻す。以上から会計処理が必要になるのは①購入，②決算，③翌期首である。

購　入	租税公課	＊＊＊	現　　金	＊＊＊	
	通 信 費	＊＊＊			
決　算	貯 蔵 品	＊＊＊	租税公課	＊＊＊	
			通 信 費	＊＊＊	
翌期首	租税公課	＊＊＊	貯 蔵 品	＊＊＊	
	通 信 費	＊＊＊			

例題 18-8

① 期中に収入印紙¥20,000，郵便切手¥12,000を購入し，代金は現金で支払った。

② 決算にあたり収入印紙¥10,000，郵便切手¥6,000が未使用であることが判明した。

③ 翌期首になったので適切な仕訳を行う。

解　答

①	租税公課	20,000	現　　金	32,000	
	通 信 費	12,000			
②	貯 蔵 品	16,000	租税公課	10,000	
			通 信 費	6,000	
③	租税公課	10,000	貯 蔵 品	16,000	
	通 信 費	6,000			

4 法人税・住民税・事業税

1．意 義

　法人税とは国が会社の所得に対して課す税金，住民税とは地方自治体が会社の所在に対して課す税金，事業税とは地方自治体が会社の所得に対して課す税金である。このようにこれら3つの税は課税主体，課税対象が異なる税であるが，まとめて法人税等と呼ばれる。法人税等については，当該事業年度の確定税額の前払いとして前事業年度の税額の半額を中間税額として確定させる手続きである中間申告と当該事業年度の税額を確定させる手続きである確定申告の2つの申告がある。

2．会計処理

　法人税等は，事業年度開始の日以後6ヵ月を経過した日から2ヵ月以内に中間税額を納付しなければならない。中間申告で納付した税額は**仮払法人税等勘定**（資産）に計上する。また法人税等は事業年度終了日の翌日から2ヵ月以内に確定申告という申告手続を行わなければならない。確定した法人税等の金額を**法人税，住民税及び事業税**の借方に計上し，それと中間申告で納付した仮払法人税の差額を**未払法人税勘定**（負債）に計上し，後日，納付する。つまり会計処理が必要となるのは①中間申告，②確定申告の2回である。

中間納付	仮 払 法 人 税 等	＊＊＊	/	現　　　　　金	＊＊＊
確定申告	法人税，住民税及 び 事 業 税	＊＊＊	/	仮 払 法 人 税 等 未 払 法 人 税 等	＊＊＊ ＊＊＊

例題 18−9

① 申告の期限となったので法人税・住民税・事業税の中間申告として¥150,000を現金で納付した。

② 決算により確定した当期の法人税・住民税・事業税の額¥300,000について確定申告した。

解答

① 仮 払 法 人 税 等　150,000　/　現　　　　　金　150,000

② 法人税，住民税及 び 事 業 税　300,000　/　仮 払 法 人 税 等　150,000
未 払 法 人 税 等　150,000

用語の整理

1．減価償却費は（　①　）であるが，それは有形固定資産が（　②　）に貢献した結果である。

2．定額法とは，資産の価値が（　①　）に減少していくと仮定した減価償却方法である。

3．貸倒引当金勘定は（　①　）勘定で，回収（　②　）見込額を示す。債権勘定と貸倒引当金勘定により回収（　③　）見込額が示される。

4．貸倒引当金の設定方法の１つに（　①　）法がある。

仕訳の整理

減価償却

減 価 償 却 費	＊＊＊	/	減価償却累計額	＊＊＊

貸倒引当金

増額	貸倒引当金繰入	＊＊＊	/	貸 倒 引 当 金	＊＊＊
減額	貸 倒 引 当 金	＊＊＊	/	貸倒引当金戻入	＊＊＊

貯蔵品

支払い	租税公課 通 信 費	＊＊＊ ＊＊＊	/	現　　金	＊＊＊
決　算	貯 蔵 品	＊＊＊	/	租税公課 通 信 費	＊＊＊ ＊＊＊
翌期首	租税公課 通 信 費	＊＊＊ ＊＊＊	/	貯 蔵 品	＊＊＊

法人税等

中間納付	仮 払 法 人 税 等	＊＊＊	/	現　　　金	＊＊＊
確定申告	法人税，住民税 及 び 事 業 税	＊＊＊	/	仮 払 法 人 税 等 未 払 法 人 税 等	＊＊＊ ＊＊＊

162

（1）①から⑤に当てはまる金額を答えよ。なお，会計期間は×9年1月1日から12月31日で，残存価額をゼロ，定額法により減価償却を行う。

取得日	耐用年数	取得原価	売却日	売却価額	売却損益
×2年12月1日	20	30,000,000	×9年6月30日	20,000,000	①
×3年 1月1日	10	1,000,000	×9年3月31日	400,000	②
×4年10月1日	12	3,600,000	×9年9月30日	1,970,000	③
×5年 4月1日	10	720,000	×9年5月31日	450,000	④
×6年 6月1日	8	240,000	×9年4月30日	150,000	⑤

（2）以下の空欄に記入せよ。なお，貸倒引当金戻入の場合は△を記入する。

	債権残高	繰入率	貸倒引当金設定額	期首貸倒引当金	当期貸倒額	期末貸倒引当金残高	引当金計上額
①	200,000	0.02		3,200	200		
②	15,000	0.03		400	300		
③	60,000	0.02		2,200	900		
④	50,000	0.03		2,000	200		
⑤	30,000	0.02		500	400		
⑥	40,000	0.05		1,600	600		

（3）次のA社における一連の取引を仕訳しなさい。なお会計期間は1月1日から12月31日である。

×1年10月1日　　得意先B社が倒産し，同社に対する売掛金¥20,000が貸倒れとなった。貸倒引当金残高はない。

12月31日　　決算になったので期末売掛金残高¥1,500,000に対して2％の貸倒引当金を設定する。

×2年2月5日　　得意先C社が倒産し，同社に対する売掛金¥15,000が貸倒れとなった。

7月8日　　前年，貸倒れとして処理したB社に対する売掛金¥20,000を現金で回収した。

12月31日　　決算になったので期末売掛金残高¥1,700,000に対して2％の貸倒引当金を設定する。

×3年5月20日　　得意先D社が倒産し，同社に対する売掛金¥20,000が貸倒れとなった。

9月3日　　得意先E社が倒産し，同社に対する売掛金¥15,000が貸倒れとなった。

12月31日　　決算になったので期末売掛金残高¥1,900,000に対して2％の貸倒引当金を設定する。

×4年6月30日　　　得意先F社が倒産し，同社に対する売掛金￥5,000が貸倒れとなった。

12月31日　　　決算になったので期末売掛金残高￥1,600,000に対して2％の貸倒引当金を設定する。

×1年

10月1日	/
12月31日	/

×2年

2月5日	/
7月8日	/
12月31日	/

×3年

5月20日	/
9月3日	/
12月31日	/

×4年

6月30日	/
12月31日	/

（4）次の取引を仕訳しなさい。

（a）本年度期首に￥1,000,000で購入した営業用自動車（耐用年数10年，残存価額￥50,000）について，定額法により減価償却を行った。

（b）本年度期首に￥3,000,000で購入した包装用機械（耐用年数5年，残存価額は取得原価の10%）について，定額法により減価償却を行った。

（c）本年度期首に￥50,000,000で購入した店舗用建物（耐用年数50年，残存価額は取得原価の10%）について，定額法により減価償却を行った。

（a）	/
（b）	/
（c）	/

（5）次の取引を仕訳しなさい。

（a）業務用コンピュータ（取得原価￥250,000，減価償却累計額￥180,000）を￥50,000で売却し，代金は現金で受け取った。

（b）営業用トラック（取得原価￥2,000,000，減価償却累計額￥1,080,000）を￥1,000,000で売却し，代金は後日受け取ることにした。

（c）包装用機械（取得原価￥1,500,000，減価償却累計額￥540,000）を￥700,000で売却し，代金のうち￥50,000は相手先振出しの小切手で受け取り，残額は後日受け取ることにした。

（a）			
（b）			
（c）			

（6）次の取引を仕訳しなさい。なお会計期間は×3年1月1日から12月31日である。

6月30日　×1年1月1日に￥100,000で購入した業務用コンピュータ（耐用年数5年，残存価額は取得原価の10%）を￥30,000で売却し，代金は現金で受け取った。

（7）次の一連の取引を仕訳しなさい。

① 期中に収入印紙 ¥ 15,000, 郵便切手 ¥ 8,000 を購入し，代金は現金で支払った。

② 決算で収入印紙 ¥ 10,000, 郵便切手 ¥ 6,000 が未使用であったことが判明した。

③ 翌期首になったので適切な仕訳を行う。

①	/
②	/
③	/

（8）次の一連の取引を仕訳しなさい。

① 申告の期限となったので法人税・住民税・事業税の中間申告として ¥ 220,000 を現金で納付した。

② 決算により確定した当期の法人税・住民税・事業税の額 ¥ 250,000 について確定申告した。

①	/
②	/

第**19**回 決算整理③ 費用・収益の前払い・前受けと 未払い・未収の計上

1 費用・収益の前払い・前受けと未払い・未収の計上の概要

　家賃，地代，利息，賃借料，保険料，給料などの，**契約に従って一定期間にわたりサービスを継続して利用・提供**する場合，当期の費用・収益の金額は利用した期間で決まる。当期中に契約が開始，終了する場合の利用料は１ヵ月分の料金に契約期間を掛けた金額になる。

　それでは，利用料の支払いは全額一括でかつ契約の終了が次期の場合，当期の費用・収益の額はどのように計算されるのであろうか。利用料が利用開始時に決済される場合，修正を加えなければ次期の分までも当期に計上されてしまう。一方，利用料が契約終了時に決済される場合は修正を加えなければ当期の費用・収益の額はゼロになる。

　このように，期中に支出・収入という事実に基づいて計上された費用・収益の金額を適正な金額にするための決算整理を**費用・収益の前払い・前受け**（これらを**繰延**ともいう）と**費用・収益の未払い・未収**（これらを**見越**ともいう）の計上という（以上をまとめて**経過勘定項目**という）。会計処理が必要になるのは，前払い・前受けの場合は①支払い（受取り），②決算，③翌期首で，未払い・未収の場合は①決算，②翌期首，③支払い（受取り）である。

2 費用の前払い

1．意　義

　一定期間にわたり継続してサービスを利用する契約において，利用料の支払いは一括でサービスが開始する時に行い，サービスの終了が次期の場合，決算前の費用には次期の分が含まれている。そこで次期の分を当期の支払額から除いて当期の費用額を修正し，くわえて次期に繰り越すために**前払費用勘定**（資産）に計上する仕訳を切る。翌期首になったら，前期から繰り越された前払費用勘定について前期の決算整理仕訳の逆仕訳である再振替仕訳を切る。以下がこの関係を表した図と一連の仕訳である。

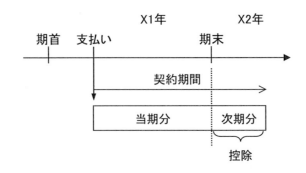

支払い	費　用	＊＊＊	/	普通預金	＊＊＊
決　算	前払費用	＊＊＊	/	費　用	＊＊＊
翌期首	費　用	＊＊＊	/	前払費用	＊＊＊

2．会計処理

「×1年10月1日に1年間の保険契約を結び，代金¥36,000は契約時に現金で支払った。なお，会計期間は1月1日から12月31日とする」という例をもとに説明する。以上の内容を図で表すと以下のとおりである。

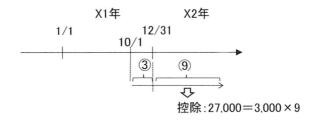

控除：27,000＝3,000×9

① ×1年10月1日：保険料の支払い

　　　　支払保険料　　　36,000　/　　普通預金　　　36,000

② ×1年12月31日：決算

　決算前に計上されている支払保険料勘定には次期の9ヵ月分の保険料が含まれている。そこで次期の分を除くために貸方に記入する。また，その部分は次期に費用に変わるので前払保険料勘定に記入する。

　　　　前払保険料　　　27,000　/　　支払保険料　　　27,000

③ ×2年1月1日：翌期首

　前期に支払った当期分を計上するために再振替仕訳を切る。

　　　　支払保険料　　　27,000　/　　前払保険料　　　27,000

保険料についての①決算前の支払保険料勘定の金額，②12月31日の決算と翌期首に必要な仕訳を答えなさい。なお保険料は毎年同額を5月1日に12ヵ月分として現金で¥120,000を前払いしている。

解 答	①	決算前の支払保険料勘定の金額：¥ 160,000			

	②	12/31	前払保険料	40,000 /	支払保険料	40,000
		1/1	支払保険料	40,000 /	前払保険料	40,000

解 説 毎年5月1日のサービス開始時に保険料を支払う契約のため，決算前の保険料勘定は期首の再振替仕訳による加算（4ヵ月分）と5月1日の当期の支払い（12ヵ月分）の16ヵ月分が計上されているので①は¥ 160,000である。そこで決算では当期支払いに含まれる次期4ヵ月分（¥ 40,000）を控除し，保険料勘定を修正する仕訳を切る。翌期首には再振替仕訳を切る。以上の内容を図で表すと以下のとおりである。

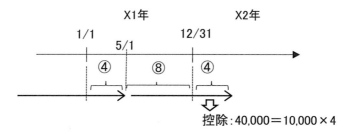

3 収益の前受け

1．意 義

　一定期間にわたり継続してサービスを提供する契約において，利用料の受取りは一括でサービスが開始する時で，サービスの終了は次期の場合，決算前の収益には次期の分が含まれている。そこで次期の分を当期の受取額から除いて当期の収益額を修正し，くわえて次期に繰り越すために**前受収益勘定**（負債）に計上する仕訳を切る。翌期首になったら前期の決算整理仕訳の逆仕訳である再振替仕訳を切る。以下がこの関係を表した図と一連の仕訳である。

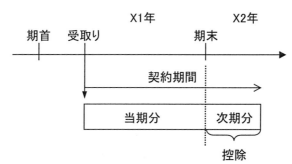

受取り	普通預金	＊＊＊ /	収 益	＊＊＊
決 算	収 益	＊＊＊ /	前受収益	＊＊＊
翌期首	前受収益	＊＊＊ /	収 益	＊＊＊

2．会計処理

「×1年8月1日に1年間，部屋を貸す契約を結び，1年分の家賃¥600,000を現金で受け取った。なお，会計期間は1月1日から12月31日とする」という例で説明する。以上の内容を図で表すと以下のとおりである。

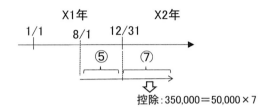

① ×1年8月1日：家賃の受取り

普通預金　　　　　　600,000　　　/　　受取家賃　　　　600,000

② ×1年12月31日：決算

決算前に計上されている「受取家賃」勘定には次期の7ヵ月分の家賃が含まれている。そこで次期の分を除くために借方に記入する。また，その部分は次期に収益に変わるので前受家賃勘定に記入する。

受取家賃　　　　　　350,000　　　/　　前受家賃　　　　350,000

③ ×2年1月1日：翌期首

前期に支払われた当期分を計上するために前期の決算整理仕訳の逆仕訳（貸借が逆の仕訳）を切り，当期7ヵ月分の受取家賃を計上し，前受家賃を取り消す。

前受家賃　　　　　　350,000　　　/　　受取家賃　　　　350,000

例題 19-2　×1年3月1日に，貸事務所の借主より1年分の家賃¥120,000を受け取っている。①決算前の受取家賃勘定の金額，②12月31日の決算と翌期首に必要な仕訳を答えなさい。

解答

① 決算前の受取家賃勘定の金額：¥120,000

② 12/31　　　受取家賃　　　20,000　　/　　前受家賃　　　20,000
　　1/1　　　前受家賃　　　20,000　　/　　受取家賃　　　20,000

解説　サービス開始時に家賃を受け取る契約のため，決算前の受取家賃勘定のうち2ヵ月分（¥20,000）は次期の収益である。そこで決算において次期2ヵ月分を控除する仕訳を切り，受取家賃勘定を10ヵ月分（¥100,000）に修正する。翌期首には再振替仕訳を切る。以上の内容を図で表すと以下のとおりである。

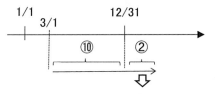

控除：20,000＝10,000×2

4 費用の未払い

1. 意義

　一定期間にわたり継続してサービスを利用する契約において，サービスの開始は当期で，利用料の支払いはサービスの終了する次期である場合，当期の支払額はゼロなので決算前の費用額はゼロである。そこで当期分の費用をサービスの利用期間に応じて計上し，くわえて次期での支払額から当期の分を控除するための**未払費用勘定**（負債）を計上する仕訳を切る。翌期首になったら前期の決算整理仕訳の逆仕訳である再振替仕訳を切る。以下がこの関係を表した図と一連の仕訳である。

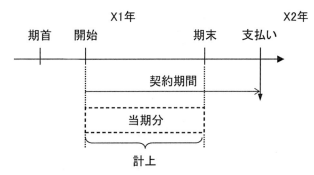

決　算	費　用	＊＊＊	/	未払費用	＊＊＊
翌期首	未払費用	＊＊＊	/	費　用	＊＊＊
支払い	費　用	＊＊＊	/	普通預金	＊＊＊

2. 会計処理

　「×1年10月1日に1年間の保険契約を結び，代金¥36,000は契約終了時に現金で支払う。なお，会計期間は1月1日から12月31日とする」という例で説明する。以上の内容を図で表すと以下のとおりである。

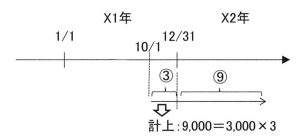

計上：9,000＝3,000×3

① ×1年10月1日：契約

　　　仕訳なし

　契約を結んだだけなので仕訳を切れない。

② ×1年12月31日：決算

　　　　　　支払保険料　　　　　9,000　／　未払保険料　　　　　9,000

　決算になったが，保険料の支払いは次期なので帳簿上，支払保険料は計上されていない。このまま処理を加えなければ当期の支払保険料はゼロになる。そこで，利用期間に応じて費用を計上するため，当期の利用期間である3ヵ月分の費用と未払保険料勘定を計上する。

③ ×2年1月1日：翌期首

　　　　　　未払保険料　　　　　9,000　／　支払保険料　　　　　9,000

　契約終了時に利用料を支払うことにより計上される支払保険料勘定には前期分が含まれている。それを除くために再振替仕訳を切る。

　なお，支払期日の仕訳は以下のとおり。

　　　　　　支払保険料　　　　36,000　／　普通預金　　　　36,000

例題 19-3 家賃についての①決算前の支払家賃勘定の金額，②12月31日の決算と翌期首に必要な仕訳を答えなさい。なお家賃は毎年同額を3月31日に12ヵ月分として現金で¥120,000を後払いしている。

解答
① 決算前の支払家賃の金額：¥30,000

② 12/31　支払家賃　　　90,000　／　未払家賃　　　90,000
　　 1/1　未払家賃　　　90,000　／　支払家賃　　　90,000

解説 毎年3月31日のサービス終了日に家賃を支払う契約のため，決算前の支払家賃勘定は期首の再振替仕訳による減算（△9ヵ月分）と3月31日の当期の支払い（12ヵ月分）の3ヵ月分が計上されている。したがって決算前の支払家賃勘定は¥30,000である。そこで決算では4月1日から決算前までの9ヵ月分を計上し，支払家賃勘定を修正する仕訳を切る。翌期首には再振替仕訳を切る。以上の内容を図で表すと以下のとおりである。

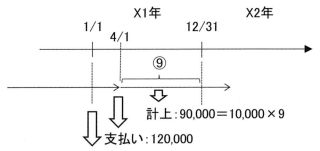

計上：90,000＝10,000×9

支払い：120,000

再振替仕訳：△90,000＝10,000×9

5 収益の未収

1．収益の未収の意義

　一定期間にわたり継続してサービスを提供する契約において，サービスの開始は当期で，利用料の受取りは，サービスの終了する次期である場合，当期の受取額はゼロなので決算前の収益額はゼロである。そこで当期分の収益をサービスの利用期間に応じて計上し，くわえて次期での受取額から当期分を控除するための**未収収益勘定**（資産）を計上する仕訳を切る。翌期首になったら前期の決算整理仕訳の逆仕訳である再振替仕訳を切る。以下がこの関係を表した図と一連の仕訳である。

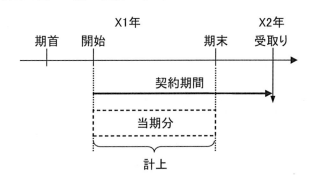

決　算	未収収益	＊＊＊	/	収　　益	＊＊＊
翌期首	収　　益	＊＊＊	/	未収収益	＊＊＊
受取り	収　　益	＊＊＊	/	普通預金	＊＊＊

2．会計処理

　「12月1日にA社に¥300,000を貸し付けた。なお，会計期間は1月1日から12月31日で，貸付にともなう利息は年利率1.46％で日割計算し，期間は100日，受取りは貸付金の回収時である」という例で説明する。以上の内容を図で表すと以下のとおりである。

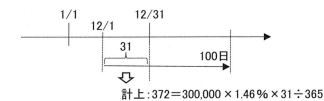

計上：372＝300,000×1.46％×31÷365

① ×1年12月1日：契約

　　　　仕訳なし

　契約を結んだだけなので仕訳を切れない。

② ×1年12月31日：決算

　　　　　　未収利息　　　　　　372　/　　　受取利息　　　　　372

　決算になったが，利息の受取りは次期なので帳簿上，受取利息は計上されていない。このまま処理を加えなければ当期の受取利息はゼロになる。そこで，利用した期間に応じた収益を計上するために，当期の31日分の収益を計上し，まだその分は支払われていないことを意味する未収利息勘定を計上する。

③ ×2年1月1日：翌期首

　　　　　　受取利息　　　　　　372　/　　　未収利息　　　　　372

　契約終了時に利用料を受け取ることで計上される受取利息には前期分が含まれている。それを除くために期首に再振替仕訳を切る。
　なお，支払期日の仕訳は以下のとおり。

　　　　　　普通預金　　　　　1,200　/　　　受取利息　　　　1,200

例題 19-4 4月1日より，地代は1年分を後日現金で受け取る契約で1ヵ月の地代￥10,000の土地を貸している。①決算前の受取地代勘定の金額と②12月31日の決算と翌期首に必要な仕訳を答えよ。

解答 ①　決算前の受取地代勘定の金額：￥0

② 12/31　　未収地代　　　90,000　/　　受取地代　　　90,000
　 1/1　　　受取地代　　　90,000　/　　未収地代　　　90,000

解説 サービス終了日に地代を受け取る契約のため，決算前の受取地代勘定はゼロで適切な金額が計上されていない。そこで決算では4月1日から決算前までの9ヵ月分を計上し，受取地代勘定を修正する仕訳を切る。翌期首には再振替仕訳を切る。以上の内容を図で表すと以下のとおりである。

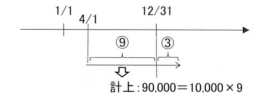

なお，3月31日の仕訳は以下のとおり。

現　金		120,000	/	受取地代	120,000

用語の整理

1. 継続して利用・提供されるサービスは（　①　）に応じて費用・収益が計上される。

解　答

1	①経過した時間

仕訳の整理

費用の前払い

支払い	費　用	＊＊＊	/	普通預金	＊＊＊
決　算	前払費用	＊＊＊	/	費　用	＊＊＊
翌期首	費　用	＊＊＊	/	前払費用	＊＊＊

収益の前受け

受取り	普通預金	＊＊＊	/	収　益	＊＊＊
決　算	収　益	＊＊＊	/	前受収益	＊＊＊
翌期首	前受収益	＊＊＊	/	収　益	＊＊＊

費用の未払い

決　算	費　用	＊＊＊	/	未払費用	＊＊＊
翌期首	未払費用	＊＊＊	/	費　用	＊＊＊
支払い	費　用	＊＊＊	/	普通預金	＊＊＊

収益の未収

決　算	未収収益	＊＊＊	/	収　益	＊＊＊
翌期首	収　益	＊＊＊	/	未収収益	＊＊＊
受取り	収　益	＊＊＊	/	普通預金	＊＊＊

練習問題 EXERCISE

（1）次の一連の取引を仕訳し，勘定口座に転記しなさい。

×1年 4月 1日　社宅の火災保険料1年分￥240,000について，小切手を振り出して支払った。

12月31日　決算に際し，保険料の前払い分を次期に繰り延べるとともに，当期分の保険料を損益勘定に振り替えた。

×2年 1月 1日　前期から繰り越された前払保険料の再振替を行った。

×1年4月1日	/
12月31日	/
	/
×2年1月1日	/

前払保険料	支払保険料

（2）次の一連の取引を仕訳し，勘定口座に転記しなさい。

×1年8月1日　建物を1ヵ月￥200,000で賃貸し，6ヵ月分の家賃を相手先振出しの小切手で受け取った。

12月31日　決算に際し，家賃の前受け分を次期に繰り延べるとともに，当期分の家賃を損益勘定に振り替えた。

×2年1月1日　前期から繰り越された前受家賃の再振替を行った。

×1年8月1日	/
12月31日	/
	/
×2年1月1日	/

前受家賃	受取家賃

（3）次の一連の取引を仕訳し，勘定口座に転記しなさい。

×1年10月1日　取引先より，期限1年，年利6%で￥1,000,000を借り入れ，現金で受け取った。なお，利息は1年後に元金とともに返済することになっている。

12月31日　決算に際し，当期にすでに発生している利息を見越計上する

とともに，損益勘定に振り替えた。

×2年1月1日　前期から繰り越された未払利息の再振替を行った。

9月30日　上記の借入金¥1,000,000と1年分の利息について小切手を振り出して支払った。

×1年10月1日	/
12月31日	/
	/
×2年1月1日	/
9月30日	/

未払利息	支払利息

（4）次の一連の取引を仕訳し，勘定口座に転記しなさい。

×1年9月1日　取引先に，期限6ヵ月，年利4％で現金¥1,200,000を貸し付けた。なお利息は6ヵ月後に元金とともに回収することになっている。

12月31日　決算に際し，当期にすでに発生している利息を見越計上するとともに，損益勘定に振り替えた。

×2年1月1日　前期から繰り越された未収利息の再振替を行った。

2月28日　上記の貸付金¥1,200,000と6ヵ月分の利息を現金で受け取った。

×1年9月1日	/
12月31日	/
	/
×2年1月1日	/
2月28日	/

	未収利息			受取利息	

（5）以下の空欄を埋めよ。

内訳	勘定科目	資産か負債か	決算整理仕訳の意味		再振替仕訳の意味	
費用の前払い			当期費用から 当期収益から	} ☐	当期費用に 当期収益に	} ☐
収益の前受け						
費用の未払い			当期費用に 当期収益に	} ☐	当期費用から 当期収益から	} ☐
収益の未収						

第20回 精算表の作成と財務諸表の形式

1 精算表の作成方法

　精算表とは，残高試算表に決算整理を加えて財務諸表を作成する過程を示した表で，帳簿決算に入る前に貸借対照表と損益計算書の状況を把握するために作成される。精算表は帳簿を前提としていないので正式な決算手続ではないが，帳簿による決算を正確に行う上で重要な役割を果たす。本書では，残高試算表，決算整理，損益計算書，貸借対照表から構成される8桁精算表について説明する。

　以下，手順を具体的に見ていく。なお決算整理事項は以下のとおり。

　　・期末商品棚卸高　　　　￥50,000
　　・郵便小切手の未使用分　￥ 2,000
　　・保険料の前払い　　　　￥ 3,000

① 残高試算表を残高試算表欄に移す。

なお，決算整理をする前の残高試算表を**決算整理前残高試算表**，決算整理を終えた後の残高試算表を**決算整理後残高試算表**という。

精　算　表

勘定科目	残高試算表		修正記入		損益計算書		貸借対照表	
	借　方	貸　方	借　方	貸　方	借　方	貸　方	借　方	貸　方
現　　　　　金	153,000							
売　掛　金	50,000							
繰　越　商　品	3,000							
買　掛　金		15,000						
資　本　金		90,000						
繰越利益剰余金		10,000						
売　　　　　上		250,000						
仕　　　　　入	46,000							
水　道　光　熱　費	15,000							
保　険　料	12,000							
通　信　費	30,000							
給　　　　　料	56,000							
	365,000	365,000						
当　期　純　利　益								

② 決算整理仕訳を記入する。

179ページに示された決算整理事項を元に切った決算整理仕訳を修正記入欄に記入する。決算整理の際に初めて登場する勘定については勘定科目欄の下段の空欄に記入する。

精　算　表

勘定科目	残高試算表		修正記入		損益計算書		貸借対照表	
	借　方	貸　方	借　方	貸　方	借　方	貸　方	借　方	貸　方
現　　　　金	153,000							
売　　掛　　金	50,000							
繰　越　商　品	3,000		5,000	3,000				
買　　掛　　金		15,000						
資　　本　　金		90,000						
繰越利益剰余金		10,000						
売　　　　上		250,000						
仕　　　　入	46,000		3,000	5,000				
水　道　光　熱　費	15,000							
保　　険　　料	12,000			3,000				
通　　信　　費	30,000			2,000				
給　　　　料	56,000							
	365,000	365,000						
前　払　保　険　料			3,000					
貯　　蔵　　品			2,000					
当　期　純　利　益								
			13,000	13,000				

③ 「残高試算表」欄の内容に「修正記入」欄の内容を加減した上で，資産・負債・純資産の各勘定を貸借対照表欄に，収益・費用の各勘定を損益計算書欄にそれぞれ移した後に各列の合計額を計算する。次に，損益計算書の「借方」欄と「貸方」欄の合計額の差額（当期純利益あるいは純損失）を計算し，それを合計額の小さい方の列の当期純利益の行に記入する（a）。そして損益計算書で計算された差額を貸借対照表の「借方」欄と「貸方」欄の合計額の小さい方の列の当期純利益の行に記入し（b），貸借対照表の「借方」欄・「貸方」欄の合計額を計算して一致するかを確認する（c）。

精　算　表

勘定科目	残高試算表		修正記入		損益計算書		貸借対照表	
	借方	貸方	借方	貸方	借方	貸方	借方	貸方
現　　　　金	153,000						153,000	
売　掛　金	50,000						50,000	
繰　越　商　品	3,000		5,000	3,000			5,000	
買　掛　金		15,000						15,000
資　本　金		90,000						90,000
繰越利益剰余金		10,000						10,000
売　　　　上		250,000				250,000		
仕　　　　入	46,000		3,000	5,000	44,000			
水　道　光　熱　費	15,000				15,000			
保　険　料	12,000			3,000	9,000			
通　信　費	30,000			2,000	28,000			
給　　　　料	56,000				56,000			
	365,000	365,000						
前払保険料			3,000				3,000	
貯　蔵　品			2,000				2,000	
当　期　純　利　益					a 98,000		b 98,000	
			13,000	13,000	152,000	250,000	213,000	115,000

213,000　　213,000

一致 c

④ 貸借対照表，損益計算書のそれぞれの「借方」欄・「貸方」欄で当期純利益（あるいは純損失）を含めた合計額を計算して，最終行に記入し，合計額の上に単線の合計線を，下に二重線の締切線を引く。

精　算　表

勘定科目	残高試算表		修正記入		損益計算書		貸借対照表	
	借　方	貸　方	借　方	貸　方	借　方	貸　方	借　方	貸　方
現　　　　金	153,000						153,000	
売　掛　金	50,000						50,000	
繰 越 商 品	3,000		5,000	3,000			5,000	
買　掛　金		15,000						15,000
資　本　金		90,000						90,000
繰越利益剰余金		10,000						10,000
売　　　　上		250,000				250,000		
仕　　　　入	46,000		3,000	5,000	44,000			
水 道 光 熱 費	15,000				15,000			
保　険　料	12,000			3,000	9,000			
通　信　費	30,000			2,000	28,000			
給　　　料	56,000				56,000			
	365,000	365,000						
前 払 保 険 料			3,000				3,000	
貯　蔵　品			2,000				2,000	
当 期 純 利 益					**98,000**			**98,000**
			13,000	13,000	250,000	250,000	213,000	213,000

例題 20-1　次の決算整理事項によって精算表を完成しなさい。なお，売上原価は仕入の行で計算しなさい。

決算整理事項

① 現金過不足　　　　決算日時点で原因は不明

② 期末商品棚卸高　　¥ 250,000

③ 貸倒引当金　　　　売掛金残高の 5%

④ 備品の減価償却費　残存価額は取得原価の 10%，耐用年数 9 年，定額法

⑤ 前払家賃　　　　　¥ 20,000

　前受地代　　　　　¥ 50,000

　未払保険料　　　　¥ 30,000

　未収利息　　　　　¥ 40,000

⑥ 郵便切手未使用分　¥ 5,000

精　算　表

勘定科目	残高試算表 借方	残高試算表 貸方	修正記入 借方	修正記入 貸方	損益計算書 借方	損益計算書 貸方	貸借対照表 借方	貸借対照表 貸方
現　　　　金	330,000							
現 金 過 不 足	1,000							
売　掛　金	200,000							
繰 越 商 品	320,000							
備　　　品	300,000							
買　掛　金		207,000						
貸 倒 引 当 金		3,000						
備品減価償却累計額		60,000						
資　本　金		600,000						
繰越利益剰余金		40,000						
売　　　上		1,000,000						
受 取 地 代		110,000						
受 取 利 息		10,000						
仕　　　入	700,000							
給　　　料	120,000							
支 払 家 賃	30,000							
支 払 保 険 料	10,000							
消 耗 品 費	19,000							
	2,030,000	2,030,000						
当期（　　）								

184

精　算　表

勘定科目	残高試算表 借方	残高試算表 貸方	修正記入 借方	修正記入 貸方	損益計算書 借方	損益計算書 貸方	貸借対照表 借方	貸借対照表 貸方
現　　　金	330,000						330,000	
現 金 過 不 足	1,000			1,000				
売　掛　金	200,000						200,000	
繰 越 商 品	320,000		250,000	320,000			250,000	
備　　　品	300,000						300,000	
買　掛　金		207,000						207,000
貸 倒 引 当 金		3,000		7,000				10,000
備品減価償却累計額		60,000		30,000				90,000
資　本　金		600,000						600,000
繰越利益剰余金		40,000						40,000
売　　　上		1,000,000				1,000,000		
受 取 地 代		110,000	50,000			60,000		
受 取 利 息		10,000		40,000		50,000		
仕　　　入	700,000		320,000	250,000	770,000			
給　　　料	120,000				120,000			
支 払 家 賃	30,000			20,000	10,000			
支 払 保 険 料	10,000		30,000		40,000			
通 　信 　費	19,000			5,000	14,000			
	2,030,000	2,030,000						
雑　　　損			1,000		1,000			
貸倒引当金繰入			7,000		7,000			
減 価 償 却 費			30,000		30,000			
前 払 家 賃			20,000				20,000	
前 受 地 代				50,000				50,000
未 払 保 険 料				30,000				30,000
未 収 利 息			40,000				40,000	
貯 　蔵 　品			5,000				5,000	
当 期 純 利 益					118,000			118,000
			753,000	753,000	1,110,000	1,110,000	1,145,000	1,145,000

解　説

　まず挙げられた決算整理事項に従って決算整理仕訳を行い，それを修正記入欄に記入することで各勘定の残高を修正する。

　①　現金過不足の処理

　現金過不足の原因が決算日になっても不明である場合，残高を雑益勘定あるいは雑損勘定に振り替える。今回は現金過不足勘定の借方に残高があるため，次の仕訳を行って雑損

勘定の借方に振り替える。

| 雑 損 | 1,000 | / | 現 金 過 不 足 | 1,000 |

② 売上原価の計算

仕入勘定において売上原価を計算するために，次の仕訳を行う。

| 仕 入 | 320,000 | / | 繰 越 商 品 | 320,000 |
| 繰 越 商 品 | 250,000 | / | 仕 入 | 250,000 |

この 2 つの仕訳により，仕入勘定では次のように売上原価が計算されることになる。
当期仕入高 ¥ 680,000 ＋期首商品棚卸高 ¥ 320,000 －期末商品棚卸高 ¥ 250,000
＝ ¥ 750,000

③ 貸倒引当金の設定

残高試算表より売掛金勘定の残高は ¥ 200,000 で，設定すべき貸倒引当金は ¥ 200,000 × 5％＝ ¥ 10,000 であるが，貸倒引当金の残高が ¥ 3,000 あるので，次の仕訳で貸倒引当金の残高を ¥ 10,000 にするために差額の ¥ 7,000 を計上する。

| 貸 倒 引 当 金 繰 入 | 7,000 | / | 貸 倒 引 当 金 | 7,000 |

④ 備品の減価償却費の計上

次の計算式により算出された定額法による減価償却費を以下の仕訳で計上する。
（備品の取得原価 ¥ 300,000 －残存価額 ¥ 30,000）÷耐用年数 9 年
＝減価償却費 ¥ 30,000

| 減 価 償 却 費 | 30,000 | / | 備品減価償却累計額 | 30,000 |

⑤ 収益・費用の前払い・前受け，未払い・未収の計上

・前払費用の計上

残高試算表の支払家賃 ¥ 30,000 には次期に計上すべき ¥ 20,000 が含まれているので，それを控除するために以下の仕訳を切る。

| 前 払 家 賃 | 20,000 | / | 支 払 家 賃 | 20,000 |

・前受収益の計上

残高試算表の受取地代 ¥ 110,000 には次期に計上すべき地代 ¥ 50,000 が含まれているので，それを控除するために以下の仕訳を切る。

| 受 取 地 代 | 50,000 | / | 前 受 地 代 | 50,000 |

・未払費用の計上

残高試算表の支払保険料は ¥ 10,000 であるが，未払保険料 ¥ 30,000 があるので，次の

仕訳により当期の支払保険料に加算する。

| 支払保険料 | 30,000 | / | 未払保険料 | 30,000 |

・未収収益の計上

残高試算表の受取利息は¥10,000であるが，未収利息¥40,000があるので，次の仕訳により当期の受取利息に加算する。

| 未 収 利 息 | 40,000 | / | 受 取 利 息 | 40,000 |

⑥ 通信費の処理

残高試算表にある通信費には未使用の郵便切手が含まれているので，貯蔵品費勘定に振り替える。

| 貯 蔵 品 | 5,000 | / | 通 信 費 | 5,000 |

以上の決算整理手続により適正になった各勘定の金額は「損益計算書」欄・「貸借対照表」欄に移項される。当期の純利益（あるいは純損失）を計算するために「損益計算書」欄の借方と貸方の合計額を算出して，差額を計算する。「損益計算書」欄の貸方合計は¥992,000，借方合計は¥1,110,000で，差額は¥118,000となる。この金額を借方に当期純利益として記入する。

「貸借対照表」欄には，まず貸方に損益計算書欄で計算された当期純利益の金額¥118,000を記入する。記入後，「貸借対照表」欄の借方・貸方をそれぞれ合計し，貸借が一致していることを確認した上で，これを合計欄に記入し締め切る。

2 財務諸表の作成

決算の結果，貸借対照表と損益計算書が作成されるが，これらを総称して**財務諸表**（financial statements）という。財務諸表が示す会社の財政状態や経営成績などの情報は，株主，債権者，経営者，従業員，消費者などの企業の**利害関係者**のさまざまな意思決定において活用されることが期待されている。

財務諸表が利害関係者にとって有用であるためには，一定の規則に従って作成されることが必要となる。わが国では，会社法や金融商品取引法において，それぞれの理念に応じた財務諸表作成に関する規定が設けられている。財務諸表の様式については，それぞれの法律において区分や表示科目などの詳細が定められている。それらについては財務会計論や財務諸表論などのテキストを参照することが望まれる。

貸借対照表と損益計算書の形式には，勘定口座と同じように左右対称形式で示す**勘定式**と，上段に借方，下段に貸方を示す**報告式**の2種類があるが，ここでは勘定式による損益計算書と貸借対照表の様式を示すにとどめる。

3 貸借対照表の様式

　例題 20 − 1 の精算表の「貸借対照表」欄を元に勘定式の貸借対照表で示すと以下に示すようになる。

　ここで以下に示す貸借対照表には精算表の「貸借対照表」欄とは異なる点があることに注意してほしい。まず期末商品棚卸高を表している繰越商品勘定は「商品」の名称で表示する。費用・収益の前払い・前受け・未払い・未収の各項目は，それぞれ同種のものを合算した上で「前払費用」，「前受収益」，「未払費用」，「未収収益」という名称で表示する。たとえば前払家賃や前払保険料など費用の前払いは合算して「前払費用」として表示する。当期純利益（損失）は繰越利益剰余金に加減して表示する。

貸 借 対 照 表

東京株式会社 　　　　　　　　　×２年 12 月 31 日 　　　　　　　　　（単位：円）

資　産	金　額		負債及び純資産	金　額
現　　　　　金		330,000	買　　掛　　金	207,000
売　　掛　　金	200,000		前　受　収　益	50,000
貸 倒 引 当 金	△ 10,000	190,000	未　払　費　用	30,000
商　　　　　品		250,000	資　　本　　金	600,000
前　払　費　用		20,000	繰 越 利 益 剰 余 金	158,000
未　収　収　益		40,000		
貯　蔵　　品		5,000		
備　　　　　品	300,000			
減 価 償 却 累 計 額	△ 90,000	210,000		
		1,045,000		1,045,000

　売掛金，受取手形などの債権は貸倒引当金と併記し，間接的に控除する方法で表示する。建物や備品などの有形固定資産も減価償却累計額と併記し，間接的に控除する方法で表示する。そのため貸借対照表の借方と貸方の合計額は例題 20 − 1 の精算表の「貸借対照表」欄の合計額とは異なっている。なお，減価償却累計額は仕訳の場合はそれぞれの有形固定資産の名称が最初に付くが，貸借対照表においては付けない。

4 損益計算書の様式

　例題 20 − 1 の精算表の「損益計算書」欄を元に勘定式の損益計算書で示すと次のようになる。

　なお，売上高は売上勘定で計算された純売上高を表示する。売上原価は仕入勘定で計算

された結果を表示する。

損 益 計 算 書

東京株式会社　　　　　×2年1月1日から×2年12月31日まで　　　　　（単位：円）

費　　用	金　　額	収　　益	金　　額
売　上　原　価	770,000	売　　　上　　　高	1,000,000
給　　　　料	120,000	受　取　地　代	60,000
支　払　家　賃	10,000	受　取　利　息	50,000
支　払　保　険　料	40,000		
通　信　費	14,000		
雑　　　損	1,000		
貸倒引当金繰入	7,000		
減　価　償　却　費	30,000		
当　期　純　利　益	118,000		
	1,110,000		1,110,000

練習問題　EXERCISE

（1）次の決算整理事項によって精算表を完成させなさい。ただし，会計期間は×2年
　　　1月1日から×2年12月31日までの1年間である。

決算整理事項

　（a）現金過不足の原因は，決算日になっても不明のままであった。

　（b）期末売掛金残高について5%の貸倒れを見積もる。

　（c）期末商品棚卸高は¥200,000であった。なお，売上原価は仕入の行で計算しな
　　　　さい。

　（d）備品に対して，残存価額10%，耐用年数9年，定額法によって減価償却を行う。

　（e）家賃の未払い分が¥18,000，受取利息の未収分が¥1,000ある。

精　算　表

勘定科目	残高試算表 借方	残高試算表 貸方	修正記入 借方	修正記入 貸方	損益計算書 借方	損益計算書 貸方	貸借対照表 借方	貸借対照表 貸方
現　　　　金	1,460,000							
現 金 過 不 足		10,000						
売　掛　金	130,000							
繰 越 商 品	150,000							
備　　　品	300,000							
買　掛　金		98,000						
借　入　金		300,000						
貸 倒 引 当 金		3,000						
備品減価償却累計額		120,000						
資　本　金		490,000						
繰越利益剰余金		10,000						
売　　　上		2,000,000						
受 取 手 数 料		12,000						
受 取 利 息		3,000						
仕　　　入	738,000							
通　信　費	180,000							
支 払 家 賃	72,000							
支 払 保 険 料	9,000							
雑　　　費	7,000							
	3,046,000	3,046,000						
当期（　　　）								

（2）（1）の精算表から，次の勘定式の損益計算書と貸借対照表を作成しなさい。

貸 借 対 照 表

東京株式会社　　　　　　　　　×2年12月31日　　　　　　　　（単位：円）

資　　　産	金　　　額	負債及び純資産	金　　　額

損 益 計 算 書

東京株式会社　　　　　×2年1月1日から×2年12月31日まで　　　　（単位：円）

費　　　用	金　　　額	収　　　益	金　　　額

第21回 帳簿決算

1 帳簿決算の概要

　試算表により総勘定元帳にある各勘定口座の正確性を確認し，決算整理の後，帳簿決算を行う。手順は以下のとおり。

① 2回の振替（**決算振替仕訳**）
　・損益勘定の設定
　・収益・費用の各勘定残高の損益勘定への振替（**損益振替仕訳**）
　・損益勘定残高の繰越利益剰余金勘定への振替（**資本振替仕訳**）
② 仕訳帳と総勘定元帳の締切り
　・仕訳帳の締切り
　・収益・費用の各勘定と損益勘定の締切り
　・資産・負債・純資産の各勘定の締切り

2 振替の意義

　勘定間で金額を移動させることを**振替**という。具体的には，ある勘定の**借方**の残高を別の勘定の**借方**へ，あるいは，ある勘定の**貸方**の残高を別の勘定の**貸方**へ移動させることである。つまり，貸借は同じで勘定間で金額を移動させることである（**a**）。なお，振替も必ず仕訳をとおして行われ，振替のために行う仕訳を**振替仕訳**という。

振替の手順

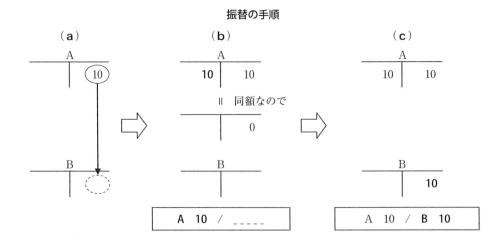

192

振替仕訳の意味は,

① 移す元の勘定残高をゼロにする。

② 移す先の勘定を増やす。

である。たとえばA勘定の貸方の残高¥10をB勘定の貸方に振り替えるケースを考えてみよう。そのための仕訳は,

① 移す元であるA勘定の貸方の残高¥10をゼロにするために, A勘定の借方に貸方と同額の¥10を記入する（**b**）。

② 移す先であるB勘定の貸方に¥10を記入する（**c**）。

この結果, A勘定の貸方の残高はB勘定の貸方に移る。

3 2回の振替の手順（決算振替仕訳）

損益計算書で計算された当期純利益（あるいは純損失）は, 貸借対照表の**繰越利益剰余金勘定**（純資産）（第22回参照）を増加（減少）させるので当期純利益（あるいは純損失）の計算と繰越利益剰余金勘定への振替が必要になる。そのための手続きを次の例をもとに説明する。なお, 各勘定口座の金額は期末の残高を意味して, 会計期間は1月1日から12月31日とする。

仕 入 11	水道光熱費 12	給 料 15	売 上 10
46,000	15,000	56,000	180,000

1．損益勘定の設定

収益と費用から当期純利益（または純損失）を計算するために, 損益勘定を総勘定元帳に設定する。ただし, 損益勘定は取引を処理するための勘定ではなく, 収益・費用勘定を締め切るため, また, 当期純利益（あるいは純損失）を計算するために設けられる勘定である。損益勘定への記入もまた, 仕訳をとおして行われる。

2．収益と費用の損益勘定への振替え（1回目の振替え）

当期純利益（あるいは純損失）を計算するために, 収益勘定と費用勘定の残高を損益勘定の貸方に振り替える。そのための振替仕訳は以下のとおりである。

各収益勘定	＊＊＊	/	損 益	＊＊＊
損 益	＊＊＊	/	各費用勘定	＊＊＊

例に当てはめてみると, 振替仕訳は以下のとおりである。

売 上	180,000	/	損 益	180,000
損 益	46,000	/	仕 入	46,000
損 益	15,000	/	水道光熱費	15,000
損 益	56,000	/	給 料	56,000

なお，通常，複数の収益と費用の勘定が発生するので，仕訳帳に記入する際には損益勘定を1つにまとめて仕訳する。

損　　益	117,000	仕　　　入	46,000
		水道光熱費	15,000
		給　　料	56,000

以上の内容の勘定口座間の関係を表すと次のようになる。

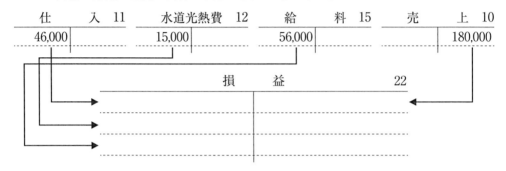

仕　　　入　11	水道光熱費　12	給　　料　15	売　　上　10
46,000	15,000	56,000	180,000

　勘定口座への記入は，残高を計算して，日付，相手勘定である損益勘定とともに記入する。以上の振替仕訳の結果，各勘定の記入内容は次のとおりである。

仕　　　入　　　　11		水道光熱費　　　　12	
46,000	12/31 損　益　46,000	15,000	12/31 損　益　15,000

給　　料　　　15		売　　上　　　10	
56,000	12/31 損　益　56,000	12/31 損　益 180,000	180,000

損　　益　　　22

12/31 仕　　　入	46,000	12/31 売　　　上	180,000
〃　水道光熱費	15,000		
〃　給　　料	56,000		

63,000

3．損益勘定の繰越利益剰余金勘定への振替え（2回目の振替）

　収益勘定と費用勘定を損益勘定に振り替えて計算された当期純利益（あるいは純損失）を**繰越利益剰余金勘定**（純資産）に振り替える。

　損益勘定の貸方に残高（純利益）がある場合，繰越利益剰余金勘定を増加させる。

損　　益	＊＊＊	/	繰越利益剰余金	＊＊＊

　損益勘定の借方に残高（純損失）がある場合は繰越利益剰余金勘定を減額する。

繰越利益剰余金	＊＊＊	/	損　　益	＊＊＊

この例では，貸方に残高があるので純利益である。これを繰越利益剰余金勘定に振り替える。そのための振替仕訳は以下のとおりである。

損 益	63,000	/	繰越利益剰余金	63,000

振替仕訳をそれぞれの勘定に転記すると以下のようになる。

	損	益		22
12/31 仕 入	46,000	12/31 売 上	180,000	
〃 水 道 光 熱 費	15,000			
〃 給 料	56,000			
〃 繰越利益剰余金	63,000			

‖ 貸借が同額なので

	0

繰越利益剰余金		9
	12/31 損 益	63,000

以上の仕訳の結果，損益勘定に計上されていた当期純利益は繰越利益剰余金勘定に振り替えられた。

例題 21-1 以下の決算整理後の勘定残高から当期純損益を繰越利益剰余金勘定に振り替えるための仕訳を示せ。

仕 入	¥ 200,000	水 道 光 熱 費	¥ 4,000
支 払 家 賃	¥ 30,000	売 上	¥ 200,000
通 信 費	¥ 24,000	受 取 手 数 料	¥ 48,000

解 答

売 上	200,000	/	損 益	248,000
受 取 手 数 料	48,000			
損 益	258,000	/	仕 入	200,000
			支 払 家 賃	30,000
			通 信 費	24,000
			水 道 光 熱 費	4,000
繰越利益剰余金	10,000	/	損 益	10,000

4　仕訳帳と総勘定元帳の締切り

1．仕訳帳の締切り

　仕訳帳は会計期間が終了して期中の取引が終了した時点でいったん締め切る。その後に決算整理仕訳（第17回から第19回参照）と決算振替仕訳（この2つを併せて**決算仕訳**という）が記入されて，再度，仕訳帳を締め切る。締切りは，借方と貸方のそれぞれの合計額を計算して金額が一致したことを確認してから，金額の上に合計線（単線），下に締切線（二重線）を引くことで完了する。

2．収益・費用の勘定と損益勘定の締切り

　損益勘定から繰越利益剰余金勘定への振替が終わったら，各収益勘定，各費用勘定，および損益勘定を締め切る。具体的には，借方と貸方の合計額を最終行に記入し，その金額の上に合計線を，下に締切線を引く。余白がある場合は斜め線を引く。なお1行だけの場合は締切線のみ記入して締め切る。

	仕　　　入	11			水道光熱費	12
	46,000	12/31 損　益 46,000			15,000	12/31 損　益 15,000

	給　　　料	15			売　　　上	10
	56,000	12/31 損　益 56,000		12/31 損　益 180,000		180,000

	損　　　益	22	
12/31 仕　　　　　入	46,000	12/31 売　　　　　上	180,000
〃　水 道 光 熱 費	15,000		
〃　給　　　　　料	56,000		
〃　繰越利益剰余金	63,000		
	180,000		180,000

例題 21-2　次の勘定口座を締め切るのに必要な仕訳を示して各勘定口座を締め切りなさい。決算日は12月31日である。なお，各勘定口座の金額は残高を示している。また，損益勘定の元丁番号は20である。

	受取手数料	9			通　信　費	11
		86,000		15,000		

	給　　　料	13			支 払 家 賃	19
	16,000				20,000	

解　答						
受 取 手 数 料	86,000	/	損　　　　　益		86,000
損　　　　　益	51,000	/	通 信 費		15,000
			給　　料		16,000
			支 払 家 賃		20,000
損　　　　　益	35,000	/	繰 越 利 益 剰 余 金		35,000

損　　益　　20

12/31 通　信　費	15,000	12/31 受 取 手 数 料	86,000
〃　給　　料	16,000		
〃　支 払 家 賃	20,000		
〃　繰越利益剰余金	35,000		
	86,000		86,000

3．資産・負債・純資産の諸勘定の締切り

　最後に，資産・負債・純資産の各勘定を締め切る。手続きは収益・費用勘定における手続きに似ているが，大きく異なるのは①貸借の差額は次期も経営活動に活用するので**次期繰越**と記入する，②勘定を締め切った後に，翌会計期間の期首の日付，**前期繰越**，繰り越された金額の３つを記入する**開始記入**を行う２点である。具体例を示すと次のとおりである。なお，各勘定の金額は借方と貸方の合計額を意味し，会計期間は１月１日から12月31日とする。

現　　金　　1		売　掛　金　　2	
193,000	40,000	40,000	25,000

買　掛　金　　6		繰越利益剰余金　　9	
15,000	30,000		90,000
			12/31 損　益 63,000

①　各勘定の残高を計算する。

現　　金　　1		売　掛　金　　2	
193,000	40,000	40,000	25,000
=		=	
153,000		15,000	

買　掛　金　　6		繰越利益剰余金　　9	
15,000	30,000		90,000
			12/31 損　益 63,000
=		=	
	15,000		153,000

② 借方と貸方の合計額の少ない方に，「日付」，「次期繰越」と「残高」を記入する。

現　　金		1
193,000	40,000	
	12/31 次期繰越 153,000	

売　掛　金		2
40,000	25,000	
	12/31 次期繰越 15,000	

買　掛　金		6
15,000	30,000	
12/31 次期繰越 15,000		

繰越利益剰余金		9
12/31 次期繰越 153,000	90,000	
	12/31 損　益 63,000	

③ 各勘定の借方と貸方の合計額を記入して，合計額の上に合計線を，その下に締切線を引き，続いて開始記入（翌日の日付，前期繰越，金額）を行う。

現　　金		1
193,000	40,000	
	12/31 次期繰越 153,000	
193,000	193,000	
1/1 前期繰越 153,000		

売　掛　金		2
40,000	25,000	
	12/31 次期繰越 15,000	
40,000	40,000	
1/1 前期繰越 15,000		

買　掛　金		6
15,000	30,000	
12/31 次期繰越 15,000		
30,000	30,000	
	1/1 前期繰越 15,000	

繰越利益剰余金		9
12/31 次期繰越 153,000	90,000	
	12/31 損　益 63,000	
153,000	153,000	
	1/1 前期繰越 153,000	

例題 21-3 次の資産，負債および純資産の勘定を締め切りなさい。ただし，決算日は12月31日とし，開始記入も行いなさい。なお，各勘定の金額は会計期間全体をとおした合計額である。

現　　金		1
98,000	25,000	

車両運搬具		2
10,000		

備　　品		3
45,000		

借　入　金		5
	21,000	

繰越利益剰余金		7
	60,000	
	12/31 損　益 26,000	

現　　　金			1
98,000			25,000
	12/31次期繰越		73,000
98,000			98,000
1/1　前期繰越　73,000			

車両運搬具			2
10,000	12/31 次期繰越		10,000
1/1　前期繰越　10,000			

備　　　品			3
45,000	12/31次期繰越		45,000
1/1　前期繰越　45,000			

借　入　金			5
12/31 次期繰越　21,000			21,000
	1/1　前期繰越		21,000

繰越利益剰余金			7
12/31 次期繰越　86,000			60,000
	12/31 損　　益		26,000
86,000			86,000
	1/1　前期繰越		86,000

用語の整理

1．総勘定元帳の締切りは，（　①　）→（　②　）→（　③　）である。
2．2回の振替の内容は，（　①　）への振替えと（　②　）への振替えである。
3．振替えとは，ある勘定の借方の残高を別の勘定の（　①　）に，ある勘定の貸方の残高を別の勘定の（　②　）に移動させることである。
4．損益勘定を設定する理由は，（　①　）ためと（　②　）ためである。
5．決算仕訳とは，（　①　）と（　②　）である。

解　答

1	①損益勘定の設定，②2回の振替え，③仕訳帳と総勘定元帳の締切り
2	①収益・費用の残高の損益勘定，②損益勘定で計算された純利益（純損失）の繰越利益剰余金勘定
3	①借方，②貸方
4	①収益・費用勘定を締め切る，②当期純利益（あるいは純損失）を計算する
5	①決算整理仕訳，②決算振替仕訳

仕訳の整理

決算振替仕訳

損益振替仕訳	各 収 益 勘 定 　 ＊＊＊ 　/ 　 損 　 　 益 　 ＊＊＊
	損 　 　 益 　 ＊＊＊ 　/ 　 各 費 用 勘 定 　 ＊＊＊

資本振替仕訳

当期純利益の場合	損　　　　益	＊＊＊	／　繰越利益剰余金	＊＊＊
当期純損失の場合	繰越利益剰余金	＊＊＊	／　損　　　　益	＊＊＊

練習問題 EXERCISE

次の各勘定を締め切るのに必要な仕訳を示し，各勘定を締め切りなさい。ただし，決算日は 12 月 31 日とする。なお，各勘定の金額は決算整理後の金額である。

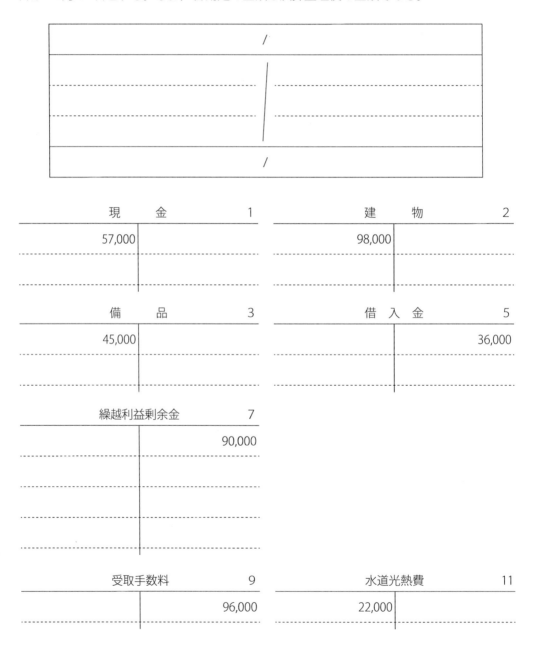

	現　　金	1
	57,000	

	建　　物	2
	98,000	

	備　　品	3
	45,000	

	借　入　金	5
		36,000

	繰越利益剰余金	7
		90,000

	受取手数料	9
		96,000

	水道光熱費	11
	22,000	

給　　料	13
46,000	

支 払 利 息	19
12,000	

損　　益	20

第22回 剰余金の配当と利益準備金の積立

1 概　要

　経営活動により獲得した利益は，株主還元のために実施する配当の原資として処分される場合や，経営状態の悪化や将来の経営活動に備えて会社内に留保される場合がある。この回では，繰越利益剰余金を配当原資として行われる剰余金の配当と会社法により配当の際に強制されている利益準備金の積立について説明する。

2 会計処理

　剰余金の配当が株主総会において決議され，原資は剰余金のうちの繰越利益剰余金の場合，配当総額を**繰越利益剰余金勘定**（純資産）から減額し，くわえて剰余金の配当により減少する剰余金金額の10分の1を**利益準備金勘定**（純資産）に振り替えて積み立てる。配当は株主総会で決議された段階では株主には支払われていないので**未払配当金勘定**（負債）に計上する。後日，配当が支払われた時点で未払配当金勘定と支払いに利用した預金を減額する。利益準備金を積み立てて内部留保する理由は，繰越利益剰余金の全額が配当により社外に流出して会社の財務基盤が弱体化することを避けるためである。

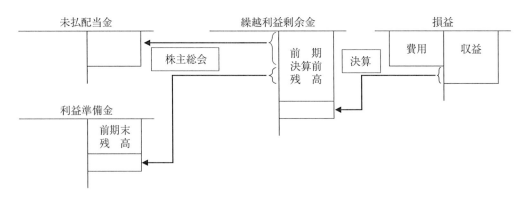

剰余金配当

繰越利益剰余金	＊＊＊	未払配当金	＊＊＊
		利益準備金	＊＊＊

202

（1）株主総会を開催し，繰越利益剰余金を次のとおり処分することが承認された。なお，株主配当金はただちに当座預金口座から振り込んだ。

　　　株主配当金：¥ 500,000　　　利益準備金の積立て：¥ 50,000

（2）株主総会を開催し，繰越利益剰余金を次のとおり処分することが承認された。

　　　株主配当金：¥ 600,000　　　利益準備金の積立て：¥ 60,000

解 答

（1）繰越利益剰余金　550,000　／　当 座 預 金　500,000
　　　　　　　　　　　　　　　　　利 益 準 備 金　 50,000

（2）繰越利益剰余金　660,000　／　未 払 配 当 金　600,000
　　　　　　　　　　　　　　　　　利 益 準 備 金　 60,000

用語の整理

1．損益勘定で計算された純利益・純損失は（　①　）勘定に振り替えられる。

2．利益準備金の積み立て額は配当額の（　①　）％である。

解 答

1	①繰越利益剰余金
2	① 10

仕訳の整理

剰余金配当

繰越利益剰余金　＊＊＊	未 払 配 当 金　＊＊＊
	利 益 準 備 金　＊＊＊

練習問題　EXERCISE

（1）株主総会を開催し，繰越利益剰余金を次のとおり処分することが承認された。なお，株主配当金はただちに当座預金口座から振り込んだ。

　　　株主配当金：¥ 200,000　　　利益準備金の積立て：¥ 20,000

（2）株主総会を開催し，繰越利益剰余金を次のとおり処分することが承認された。

　　　株主配当金：¥ 900,000　　　利益準備金の積立て：¥ 90,000

(1)	／
(2)	／

第23回 伝票会計

1 伝票会計の概要

　これまで学んできた，日々の取引内容を仕訳帳に記入して，総勘定元帳に転記するという手続きがとられるのは，小規模で，取引の数が少ない会社の場合である。会社の規模が拡大するとともに部署が増えて，取引の数が増加していくと，少数の経理担当者が会社全体を管理するのは困難になる。そこで一定の規模を持つ会社では，各部署で行われた取引内容を経理担当者に伝える場合に便利な**伝票**を仕訳帳の代わりに使用する。

　伝票とは，取引を記録するのに必要な形式が印刷された紙片である。伝票に取引内容を記入することを**起票**という。伝票を利用した帳簿組織を伝票会計制と呼ぶ。なお，本書では，入金伝票，出金伝票，振替伝票を用いる**3伝票制**について説明する。

2 3伝票制

　3伝票制では，収入を伴う取引は赤色の**入金伝票**に，支出を伴う取引は青色の**出金伝票**，それ以外の取引は青色の**振替伝票**に記入する。一般的な伝票の形式は以下のとおりである。

入金伝票　　No.　605	承認印					係印	
○ 　　年　　月　　日							
コード		入金先					様
勘 定 科 目	摘　　　要		金　　　額				
○ 仮受消費税							
	合　　　計						

<table>
<tr><td colspan="2">出　金　伝　票</td><td colspan="2">No.　202</td><td colspan="2">承認印</td><td></td><td></td><td></td><td colspan="2">係印</td></tr>
<tr><td></td><td colspan="2">年　　月　　日</td><td></td><td></td><td></td><td></td><td></td><td></td><td></td></tr>
</table>

コード		出金先					様
勘　定　科　目	摘　　　　要		金　　　　額				
仮払消費税							
	合　　　　計						

<table>
<tr><td colspan="3">振　替　伝　票</td><td colspan="2">No.　268</td><td colspan="2">承認印</td><td></td><td></td><td></td><td colspan="2">係印</td></tr>
<tr><td></td><td colspan="3">年　　月　　日</td><td></td><td></td><td></td><td></td><td></td><td></td><td></td></tr>
</table>

金　　　　額	借　方　科　目	摘　　　要	貸　方　科　目	金　　　　額
	合　　　　計			

　入金伝票に記入される取引は，借方はすべて現金勘定になる。したがって，入金伝票上では，貸方の勘定科目，金額，および摘要が記入される。一方の出金伝票には貸方がすべて現金勘定になる取引を記入する。したがって，借方の勘定科目，金額，および摘要が記入される。振替伝票には，仕訳帳に記入するように借方と貸方の勘定科目と金額，および摘要が記入される。

　取引の数が少ない場合，起票した内容を，直接，総勘定元帳に記帳することに問題はない。しかし，1日の取引の数が多くなると，取引ごとに総勘定元帳に記帳するのは効率的ではない。そこで，1日の取引をまとめて総勘定元帳に転記するために仕訳日計表が作成される（**4**を参照）。

例題 23-1　次の取引を伝票に記入しなさい。

8月1日　A社から商品￥200,000を現金で購入した。

　　5日　B社に商品￥300,000を￥500,000で現金にて販売した。

　　10日　A社から商品￥100,000を掛けで購入した。

（ 　　 ）伝票	
×2年（ 　）月（ 　）日	
（ 　　 ）方	金 　額
（ 　　　　 ）	（ 　　　　 ）

（ 　　 ）伝票	
×2年（ 　）月（ 　）日	
（ 　　 ）方	金 　額
（ 　　　　 ）	（ 　　　　 ）

（ 　　　　 ）伝票			
		×2年（ 　）月（ 　）日	
借 　方	金 　額	貸 　方	金 　額
（ 　　　 ）	（ 　　　 ）	（ 　　　 ）	（ 　　　 ）

解　答

（ 出 　金 ）伝票	
×2年（8）月（1）日	
（ 借 ）方	金 　額
（ 仕 　入 ）	（ 200,000 ）

（ 入 　金 ）伝票	
×2年（8）月（5）日	
（ 貸 ）方	金 　額
（ 売 　上 ）	（ 500,000 ）

（ 振 　替 ）伝票			
		×2年（8）月（10）日	
借 　方	金 　額	貸 　方	金 　額
（ 仕 　入 ）	（ 100,000 ）	（ 買 掛 金 ）	（ 100,000 ）

解　説　8月1日の取引は商品を現金により仕入れたため次のような仕訳となる。

$$\text{仕　入　200,000　/　現　金　200,000}$$

　この取引は支出を伴う取引なので，出金伝票に記入する。相手勘定は必ず借方なので，借方と書いてある欄の下に，勘定科目である「仕入」を記入する。

8月5日の取引は，商品を売り上げてその代金を現金で受け取ったため，次のような仕訳になる。

$$\text{現　金　500,000　/　売　上　500,000}$$

　この取引は，収入を伴う取引なので，入金伝票に記入する。相手勘定は必ず貸方なので，貸方と書いてある欄の下に，勘定科目である「仕入」を記入する。

　8月10日の取引は，商品を仕入れ，支払いは掛けなので，次のような仕訳になる。

$$\text{仕　入　100,000　/　買 掛 金　100,000}$$

これは現金取引ではないので，入金伝票・出金伝票ではなく，振替伝票に仕訳する。

例題 23-2 次の取引を伝票に記入しなさい。
8月24日 C社から商品￥300,000を仕入れ，代金のうち￥200,000は小切手を振り出して支払い，残額は掛けとした。

	（　　　）伝票		
		×2年（　）月（　）日	
借　　方	金　　額	貸　　方	金　　額
（　　　　　）	（　　　　　）	（　　　　　）	（　　　　　）
		（　　　　　）	（　　　　　）

解答

	（振替）伝票		
		×2年（8）月（24）日	
借　　方	金　　額	貸　　方	金　　額
（仕　　入）	（300,000）	（当座預金）	（200,000）
		（買　掛　金）	（100,000）

解説 本来，振替伝票の起票のルールとして，借方と貸方が1つの勘定科目となるように，取引を分解し，仕訳1行につき1枚の伝票を起票する必要がある。すなわち，

仕　　　　　入　　200,000　　／　　当　座　預　金　　200,000
仕　　　　　入　　100,000　　／　　買　　掛　　金　　100,000

という2つの仕訳を，それぞれ別の振替伝票に記入しなければならない。しかしこのルールに従うと，起票される伝票の枚数が増加してしまう。そのため，解答で示したように，仕訳帳に記帳するのと同じように，1つの取引として起票するのが一般的である。なお，総勘定元帳に転記する場合，当座預金と買掛金の勘定口座に記入する相手勘定は仕入勘定であるのに対して，仕入の勘定口座に記入する相手勘定は**諸口**である。

3　一部現金取引の起票

　仕訳の借方あるいは貸方に複数の勘定科目があり，そのうちの1つが現金勘定である場合，複数の種類の伝票を使わないと起票できない。そのような取引を**一部現金取引**という。一部現金取引の起票方法には，①取引を**分解**する方法と，②取引を**擬制**する方法の2つがある。

　たとえば商品￥600,000を売り上げ，￥400,000は現金で受け取り，残額を掛けとしたとする。この取引の仕訳は以下のとおり。

現　　　金	400,000	売　　　上	600,000
売　掛　金	200,000		

このような取引に対しては2種類の起票方法がある。

① 取引を分解する方法

これは現金勘定が含まれている側のそれぞれの勘定の金額を単位に逆側の勘定の金額を分解する方法である。上記の例では，現金勘定が含まれている側には現金勘定¥400,000と売掛金勘定¥200,000があるのでそれらを単位に逆側にある売上勘定¥600,000を以下のように¥400,000と¥200,000に分解する。

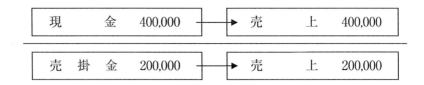

以上の内容を仕訳すると以下のようになり，これに基づいて起票する。

現　　　金	400,000	/	売　　　上	400,000	→	入金伝票
売　掛　金	200,000	/	売　　　上	200,000	→	振替伝票

② 取引を擬制する方法

これは取引を分解する方法のように単純に分解するのではなく，結果的に各勘定の増減が正確に計上されることを目的に，本来の趣旨とは異なる取引を設定し（これを**取引の擬制**という），形式的に起票する方法である。起票には現金勘定がある側の**現金勘定とは別の勘定**を利用する。

まず，現金勘定とその相手勘定を使って2つの仕訳を作るために，貸借，金額はそのままで記入する（a）。次に，現金勘定とその相手勘定の逆側に現金勘定側にあるもう一つの勘定を記入する（b）。なお金額は現金勘定とその相手勘定の金額を使い，仕訳で示されている本来の金額は使わない。上記の例では，

　a．現金勘定と売上勘定を使って2つの仕訳を作るために，本来の仕訳にあるように，現金勘定は借方で¥400,000，その相手勘定である売上勘定は貸方で¥600,000をそれぞれ記入する。

　b．現金勘定と売上勘定の相手勘定として現金勘定側にあるもう一つの勘定である売掛金勘定を記入する。金額は現金勘定，売上勘定の金額をそれぞれ使う。本来の売掛金勘定の金額である¥200,000は使わないが，2つの仕訳を合わせると結果的に売掛金勘定の金額である¥200,000が借方に計上されることになる。

以上の手続きを受けて適切な伝票を使って起票する。

a	現　　　　　金	400,000	/	（　　　　　）	（　　　　　）
	（　　　　　）	（　　　　　）	/	売　　　　　上	600,000

⬇

b	現　　　　　金	400,000	/	**売　掛　金**	400,000	→入金伝票
	売　掛　金	600,000	/	売　　　　　上	600,000	→振替伝票

4 仕訳日計表

1. 概　要

　起票するごとに総勘定元帳に転記すること（これを**個別転記**という）は，作業が繁雑になり，誤記入が発生する可能性が高くなる。1日に起票された伝票を集計して合計額を総勘定元帳に転記（これを**合計転記**という）することにより作業量は減少し，そのような問題を改善させることができる。そのために作成される表が**仕訳日計表**である。仕訳日計表の作成は，集計の誤りが避けられるだけではなく，1日の取引量が把握できるようになるという経営管理上の利点もある。

2. 作成方法

　以下の手順で仕訳日計表を作成して，その後，総勘定元帳に転記する。

① 仕訳日計表への記入方法

a. 入金伝票の合計額，入金伝票の相手勘定ごとの合計額，出金伝票の合計額，出金伝票の相手勘定ごとの合計額，振替伝票の借方と貸方のそれぞれにおける勘定ごとの合計額を計算する。

b. 勘定ごとの合計額を仕訳日計表に集計する。元帳欄には総勘定元帳に割り当てられた番号を記入する（たとえば現金勘定は「1」なので1を記入する）。

② 総勘定元帳への合計転記

・日付欄に取引の日付を記入する。

・摘要欄に転記元の帳簿の名称（ここでは仕訳日計表）を記入する。

・仕丁欄に仕訳日計表の頁番号を記入する（ここでは101）。

・借方欄と貸方欄に，行を変えて仕訳日計表の借方の金額と貸方の金額を記入する。

・残高欄に転記の後の残高を入力して，「借／貸」欄に残高が借方なら「借」を，貸方なら「貸」を記入する。

仕訳日計表を通した伝票から現金勘定への転記は以下のとおりである。

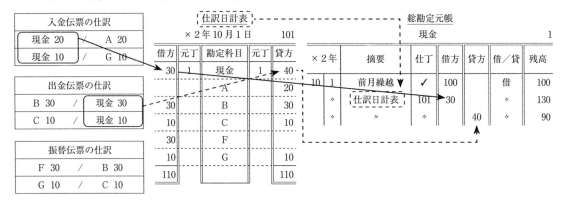

用語の整理

1．3 伝票制では（　①　）伝票，（　①　）伝票，（　①　）伝票を使用する。

2．仕訳日計表から総勘定元帳へは（　①　）転記を行う。

3．訂正仕訳は，正しい仕訳と誤った仕訳の（　①　）仕訳を切る。

4．取引を擬制する方法は，現金勘定がある側の（　①　）勘定を利用する。

解　答

1	①入金，出金，振替
2	①合計
3	①逆
4	①別の

練習問題　EXERCISE

（1）次の取引を伝票に記入しなさい。ただし，3 伝票制を採用しているものとする。

　　10 月 1 日　商品 ¥ 300,000 を仕入れ，代金は現金で支払った。

　　　　5 日　商品 ¥ 20,000 を売り上げ，代金は掛けとした。

　　　　9 日　要請していた借入れが承諾され，現金 ¥ 5,000,000 を受け取った。

　　　20 日　家賃 ¥ 250,000 を現金で支払った。

	（　　　　）伝票
	×2年10月1日

科　　目	金　　額
（　　　　　　　）	（　　　　　　　）

（　　　　）伝票			×2年10月5日
借 方 科 目	金　　額	貸 方 科 目	金　　額
（　　　　　）	（　　　　　）	（　　　　　）	（　　　　　）

<table>
</table>

(   ) 伝票
×2年10月9日

科　　目	金　　額
(　　　　　)	(　　　　　)

(   ) 伝票
×2年10月20日

科　　目	金　　額
(　　　　　)	(　　　　　)

（2）次の一部現金取引を，①取引の分解，②取引の擬制のそれぞれの方法で処理しなさい。

　A社にB商品 ¥ 500,000（100個，@¥ 5,000）を売り上げ，代金のうち ¥ 200,000 は現金で受け取り，残額は掛けとした。

① 取引の分解

(   ) 伝票
×2年1月1日

科　　目	金　　額
(　　　　　)	(　　　　　)

振　替　伝　票			
			×2年1月1日
借　　方	金　　額	貸　　方	金　　額
(　　　　　)	(　　　　　)	(　　　　　)	(　　　　　)

② 取引の擬制

振　替　伝　票			
			×2年1月1日
借　　方	金　　額	貸　　方	金　　額
(　　　　　)	(　　　　　)	(　　　　　)	(　　　　　)

(   ) 伝票
×2年1月1日

科　　目	金　　額
(　　　　　)	(　　　　　)

（3）×2年12月1日の伝票（略式）を元に①仕訳日計表を作成し，総勘定元帳の現金勘定と神田株式会社の売掛金元帳に転記しなさい。②神田株式会社に対する売掛金残高を求めなさい。

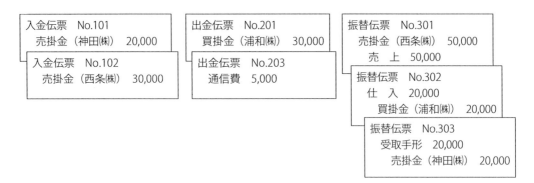

入金伝票　No.101
　売掛金（神田㈱）　20,000

入金伝票　No.102
　売掛金（西条㈱）　30,000

出金伝票　No.201
　買掛金（浦和㈱）　30,000

出金伝票　No.203
　通信費　5,000

振替伝票　No.301
　売掛金（西条㈱）　50,000
　　売　上　50,000

振替伝票　No.302
　仕　入　20,000
　　買掛金（浦和㈱）　20,000

振替伝票　No.303
　受取手形　20,000
　　売掛金（神田㈱）　20,000

①

仕訳日計表
X2年12月1日　　　　　305

借方	元丁	勘定科目	元丁	貸方

総勘定元帳
現金　　　　　　　　　　1

X2年		摘要	仕丁	借方	貸方	借／貸	残高
12	1	前月繰越	✓	50,000		借	50,000

売掛金元帳

神田株式会社

得1

X2年		摘要	仕丁	借方	貸方	借/貸	残高
12	1	前月繰越	✓	80,000		借	80,000

② 神田株式会社の売掛金残高：¥＿＿＿＿＿＿＿＿＿＿

第Ⅲ部で扱う取引の仕訳問題

第7回　次の取引の仕訳を行いなさい。

　決算で現金過不足勘定¥5,000が貸方残のため適切な勘定に振り替えた。

	/

第8回　以下の一連の取引を仕訳せよ。なお借入限度額¥500,000の当座借越契約を結んでいる。

（1）決算において当座預金¥230,000が貸方残であったので必要な手続きをとった。

（2）翌期首において再振替仕訳を行った。

（1）	/ あるいは /
（2）	/ あるいは /

第11回　次の一連の取引を仕訳しなさい。

（1）決算になった。1年間の仮受消費税額は¥21,000, 仮払消費税額は¥8,000であった。

（2）決算で計上した納付すべき消費税額を現金で支払った。

（1）	----------- / -----------
（2）	/

第18回－1　次の取引を仕訳しなさい。

　決算にあたり期首に購入した営業用車両¥300,000について残存価額をゼロ, 耐用年数を10年とする定額法により減価償却を行う。

	/

第18回-2　次の取引を仕訳しなさい。なお，会計期間は1月1日から12月31日とする。

（1）5月30日に取得原価¥600,000，減価償却累計額¥240,000の機械（耐用年数10年，残存価額ゼロ）を¥150,000で売却し，代金は相手先振出しの小切手で受け取った。

（2）9月30日に取得原価¥700,000，減価償却累計額¥320,000の備品（耐用年数5年，残存価額10%）を¥300,000で売却し，代金は後日受け取ることとした。

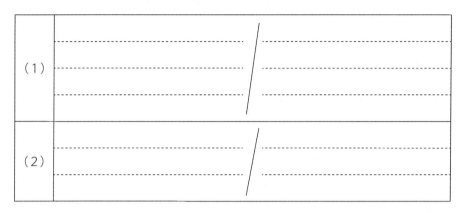

第18回-3　次の取引を仕訳しなさい。

期末売掛金残高¥200,000に対して，3%の貸倒引当金を設定した。なお，貸倒引当金残高は¥3,000である。

第18回-4　次の取引を仕訳しなさい。

期末売掛金残高¥500,000に対して，4%の貸倒引当金を設定した。なお，貸倒引当金の残高は¥50,000である。

第18回-5　次の取引を仕訳しなさい。

得意先が倒産して売掛金¥20,000が貸倒れとなった。なお，貸倒引当金勘定の残高は¥15,000である。

第18回-6　次の一連の取引を仕訳しなさい。

（1）期中に収入印紙¥8,000，郵便切手¥5,000を購入し，代金は現金で支払った。

（2）決算において収入印紙¥2,000，郵便切手¥4,000が未使用であったことが判明した。

（3）翌期首になったので適切な仕訳を行う。

（1）		/
（2）		/
（3）		/

第18回－7　次の一連の取引を仕訳しなさい。

（1）申告の期限となったので法人税・住民税・事業税の中間申告として¥220,000を現金で納付した。

（2）決算により確定した当期の法人税・住民税・事業税の額¥450,000について確定申告した。

（1）	/
（2）	/

第19回－1　家賃についての①決算前における支払家賃勘定の金額，②決算と翌期首に必要な仕訳を答えなさい。家賃は毎年同額を8月1日に12ヵ月分として現金で¥120,000を前払いしている。なお、会計期間は1月1日から12月31日である。

①決算前の支払家賃勘定の金額：¥_____

②	12月31日	/
	1月1日	/

第19回－2　地代についての①決算前における受取地代勘定の金額，②決算と翌期首に必要な仕訳を答えなさい。地代は毎年同額を3月1日に12ヵ月分として現金で¥120,000を前受けしている。なお、会計期間は1月1日から12月31日である。

①決算前の受取地代勘定の金額：¥_____

②	12月31日	/
	1月1日	/

第 19 回－3　家賃についての①決算前における支払家賃勘定の金額と②決算と翌期首に
　　　　　　必要な仕訳を答えなさい。家賃は毎年同額を 8 月 31 日に 12 ヵ月分とし
　　　　　　て現金で¥ 120,000 を後払いしている。なお，会計期間は 1 月 1 日か
　　　　　　ら 12 月 31 日である。

①決算前の支払家賃勘定の金額：¥＿＿＿＿＿＿

②	12 月 31 日	/
	1 月 1 日	/

第 19 回－4　地代についての①決算前における受取地代勘定の金額と②決算と翌期首に
　　　　　　必要な仕訳を答えなさい。地代は毎年同額を 3 月 31 日に 12 ヵ月分とし
　　　　　　て現金で¥ 120,000 を後から受領している。なお，会計期間は 1 月 1
　　　　　　日から 12 月 31 日である。

①決算前の受取地代勘定の金額：¥＿＿＿＿＿＿

②	12 月 31 日	/
	1 月 1 日	/

第 22 回　次の一連の取引を仕訳しなさい。

（1）株主総会を開催し，繰越利益剰余金を次のとおり処分することが承認された。なお，
　　　株主配当金はただちに当座預金口座から振り込んだ。

　　　　株主配当金：¥ 800,000　　利益準備金の積立て：¥ 80,000

（2）株主総会を開催し，繰越利益剰余金を次のとおり処分することが承認された。

　　　　株主配当金：¥ 300,000　　利益準備金の積立て：¥ 30,000

(1)	/
(2)	/

1. 建物の資産価値が高まる改築を行い，代金￥20,000,000を小切手を振り出して支払った。

2. 商品￥55,000（消費税￥5,000を含む）を売り上げ，代金は現金で受け取った。なお，当社は消費税については税抜方式を採用している。

3. 商品￥50,000を売り上げ，代金は掛けとした。なお送料￥2,000を現金にて支払った。

4. 商品￥500,000を仕入れるために，手付金￥50,000を現金で支払った。

5. A社に対する買掛金￥400,000について，取引銀行をとおして電子記録債権の発生記録を行った。

1	/
2	/
3	/
4	/
5	/

次の2月におけるY商品に関する［資料］にもとづいて，下記の問に答えなさい。

［資料］

2月1日	前月繰越	70個	@¥300
9日	仕　入	30個	@¥200
18日	売　上	50個	@¥600
22日	仕　入	60個	@¥325
27日	売　上	40個	@¥700
29日	売上戻り	27日に売り上げた商品のうち10個が返品された。	

（1）先入先出法による売上原価，売上総利益を計算しなさい。

（2）移動平均法による売上原価，売上総利益を計算しなさい。

	売上原価	売上総利益
（1）		
（2）		

第3問

次の［資料］にもとづいて，答案用紙の×2年2月29日の残高試算表を完成しなさい。

［資料1］×2年1月31日の残高試算表

残高試算表

借　　方	勘定科目	貸　　方
612,000	現　　　　　　金	
500,000	定　期　預　金	
20,000	普　通　預　金	
130,000	売　　掛　　金	
20,000	クレジット売掛金	
420,000	電　子　記　録　債　権	
2,000	仮　　払　　金	
150,000	繰　越　商　品	
500,000	建　　　　　　物	
	買　　掛　　金	98,000
	借　　入　　金	400,000
	建物減価償却累計額	250,000
	社会保険料預り金	25,000
	資　　本　　金	490,000
	繰　越　利　益　剰　余　金	10,000
	売　　　　　　上	2,000,000
	受　取　手　数　料	15,000
738,000	仕　　　　　　入	
180,000	通　　信　　費	
9,000	支　払　保　険　料	
7,000	雑　　　　　　費	
3,288,000		3,288,000

220

[資料 2] ×2年2月中の取引

1．現金に関する事項

①	売上代金の受取り	¥ 34,000
②	普通預金口座への振込み	¥ 300,000
③	現金仕入	¥ 72,000
④	営業車購入の際の諸経費	¥ 30,000

2．普通預金に関する事項

①	現金の振り込み	¥ 300,000
②	定期預金口座からの振替 （なお利息 ¥ 2,000 を含める）	¥ 502,000
③	1株当たり ¥ 300 で 2,000 株の株式発行による増資	¥ 600,000
④	借入れ （なお利息 ¥ 4,600 を差し引いている）	¥ 295,400
⑤	売上代金の振込み	¥ 86,000
⑥	電子記録債権の振込み	¥ 210,000
⑦	営業車の購入 （諸経費 ¥ 30,000 は現金払い）	¥ 250,000
⑧	建物の修繕	¥ 98,000
⑨	社会保険料の納付 （従業員の負担は 50%）	¥ 50,000
⑩	仕入代金の支払い	¥ 33,000

3．売上に関する事項

①	普通預金口座への振込み	¥ 86,000
②	クレジット払い （なお，手数料は販売代金の 3%）	¥ 320,000
③	商品券の受取り	¥ 33,000
④	掛け売上	¥ 35,000
⑤	現金売上	¥ 34,000

4．仕入に関する事項

①	現金仕入	¥ 72,000
②	掛け仕入	¥ 23,000
③	普通預金口座からの支払い	¥ 33,000

5．その他

①	売掛金の貸倒れ（貸倒引当金設定なし）	¥ 3,000
②	IC カードによる交通費支払い （入金時は仮払金処理）	¥ 2,000

残高試算表

借　方	勘定科目	貸　方

第4問

当社では，家賃¥120,000について毎年同額を4月30日に12ヵ月分として現金で後払いしている。そこで，家賃に関する下記の勘定の空欄を埋めよ。

```
          支払家賃                              (  ①  )家賃
4/30 現   金 120,000 | 1/1 (    ) (     )    1/1 (  ④  ) (     ) | 1/1 (  ⑤  ) (     )
12/31 (    ) (  ②  ) | 12/31 ( ③ ) (     )    12/31 (    ) (     ) | 12/31 (    ) (     )
          (     )     |          (     )                (     )     |          (     )
                       1/1 (    ) (     )    1/1 (    ) (     ) | 1/1 (    ) (     )
```

①	②	③	④	⑤

第5問

次の決算整理事項等にもとづいて，答案用紙の精算表を完成させなさい。なお，会計期間は1月1日から12月31日の1年間である。

決算整理事項等

1. 現金の実際有高は¥98,000であった。帳簿残高との差額のうち¥4,000は交通費の記入漏れと手数料¥1,000の受け取りであることが判明したが，残高は不明のため，適切な勘定に振り替える。

2. 借入金¥30,000を普通預金口座から返済したが未処理であった。

3. 小口現金係から，次のとおり，小口現金の使用についての報告があった。

   電車代　¥2,000　　お茶代　¥800

4. 期首に備品（取得原価¥120,000，減価償却累計額¥36,000）を¥80,000で売却し，代金は受け取っていないが，この取引が未処理である。

5. 売掛金の期末残高に対して2%の貸倒引当金を差額補充法により設定する。

6. 建物および備品について，以下の要領でそれぞれ定額法による減価償却を行う。

   建物：残存価額ゼロ　耐用年数20年

   備品：残存価額ゼロ　耐用年数10年

7. 保険料の前払額が¥3,000ある。

8. 消費税の処理（税抜方式）を行う。

9. 期末商品棚卸高は¥130,000である。なお，売上原価は「仕入」の行で計算する。

精　算　表

勘定科目	残高試算表 借方	残高試算表 貸方	決算整理 借方	決算整理 貸方	損益計算書 借方	損益計算書 貸方	貸借対照表 借方	貸借対照表 貸方
現　　　　金	100,000							
小　口　現　金	10,000							
普　通　預　金	1,179,000							
売　　掛　　金	130,000							
繰　越　商　品	150,000							
仮　払　消　費　税	190,000							
建　　　　物	500,000							
備　　　　品	330,000							
買　　掛　　金		98,000						
借　　入　　金		300,000						
仮　受　消　費　税		240,000						
貸　倒　引　当　金		3,000						
建物減価償却累計額		250,000						
備品減価償却累計額		120,000						
資　　本　　金		490,000						
繰越利益剰余金		10,000						
売　　　　上		2,000,000						
受　取　手　数　料		12,000						
仕　　　　入	738,000							
通　　信　　費	180,000							
支　払　保　険　料	9,000							
雑　　　　費	7,000							
	3,523,000	3,523,000						
当期（　　　）								

第25回 総合問題2

第1問

下記の各取引について仕訳しなさい。

（1）取引銀行から借り入れていた￥2,000,000の支払期日が到来したため，利息とともに当座預金口座から返済した。なお，借入れに伴う利率は年2.92％であり，借入期間は40日であった。

（2）商品を￥500,000で仕入れ，代金は掛けとした。また発送運賃￥3,000は現金で支払った。

（3）従業員にかかる健康保険料と厚生年金保険料￥80,000を普通預金口座から納付した。従業員の負担割合は50％である。

（4）交通費専用のICカードに現金￥4,000を入金した。

（5）商品￥60,000を売り上げ，代金として同額の商店街発行の商品券を受け取った。

（1）		
（2）		
（3）		
（4）		
（5）		

当社（決算年1回，12月末）において剰余金からの配当を実施した。それに関して下記の各勘定の①から⑧の空欄を埋めよ。

未払配当金

| 3/31 普通預金 20,000 | 2/28 （ ① ） 20,000 |

（ ① ）

2/28 未払配当金 20,000	1/1 （ ② ） 50,000
〃 （ ④ ）（ ⑤ ）	12/31 （ ③ ） 45,000
12/31 （ ⑥ ）（ ⑦ ）	
95,000	95,000

（ ④ ）

12/3 （ ⑥ ）（ ⑧ ）	1/1 （ ② ） 15,000
	2/28 （ ① ）（ ⑤ ）
（ ⑧ ）	（ ⑧ ）

①		⑤	
②		⑥	
③		⑦	
④		⑧	

226

答案用紙の×2年2月29日の残高試算表と次の×2年3月中の取引にもとづいて答案用紙の3月末の残高試算表を作成しなさい。

1日　商品￥50,000を掛けで仕入れ，引取運賃￥2,000を現金で支払った。

3日　商品￥60,000を掛けで売り上げた。

4日　出張中の従業員から￥150,000の普通預金口座への入金があったが理由は不明である。

5日　商品￥160,000を仕入れ，代金を普通預金口座から振り込んだ。

6日　買掛金￥100,000について取引銀行をとおして電子記録債権の発生記録を行った。

8日　商品￥320,000をクレジット払いの条件で販売するとともに，信販会社への手数料（販売代金の3%）を計上した。

10日　売掛金￥180,000が回収不能となったので貸倒処理をした。

12日　買掛金￥220,000の支払いとして，同額の約束手形を振り出した。

13日　商品￥290,000を売り上げ，代金は商品券で受け取った。

17日　商品￥330,000を仕入れ，代金は小切手を振り出して支払った。また引取運賃￥900を現金で支払った。

19日　商品￥380,000を売り上げ，代金のうち￥38,000は手付金として現金で受け取っていて，残額は掛けとした。

20日　給料￥200,000の支払いに際して，所得税の源泉徴収額￥20,000を差し引いて残額を普通預金から支払った。

21日　売掛金￥300,000について相手先の承諾後，取引銀行をとおして電子記録債権の発生記録を行った。

22日　貸付金￥900,000の満期日になり，元利合計が普通預金口座に振り込まれた。なお，貸付利率は年2%，貸付期間2ヵ月であり，利息は月割計算する。

25日　今月の家賃￥70,000を普通預金口座から振り込んだ。

27日　出張から戻った従業員から報告を受けて4日の入金は売掛金の回収であった。

28日　法人税等の中間納付として￥60,000を普通預金口座から納付した。

31日　月末になったのでICカードでの利用明細を入手した。内容は電車の運賃￥4,000，文房具￥1,500であった。

残高試算表

借　方		勘定科目	貸　方	
3月31日	2月29日		2月29日	3月31日
	1,300,000	現　　　　　金		
	500,000	当　座　預　金		
	600,000	普　通　預　金		
	400,000	売　　掛　　金		
	100,000	クレジット売掛金		
	10,000	電 子 記 録 債 権		
	23,000	受　取　商　品　券		
	900,000	貸　　付　　金		
	120,000	繰　越　商　品		
	5,000,000	建　　　　　物		
	10,000	仮　　払　　金		
		仮　払　法　人　税　等		
		支　払　手　形	600,000	
		買　　掛　　金	480,000	
		電 子 記 録 債 務	20,000	
		所　得　税　預　り　金	20,000	
		前　　受　　金	38,000	
		貸　倒　引　当　金	3,300	
		建物減価償却累計額	3,000,000	
		資　　本　　金	4,000,000	
		繰　越　利　益　剰　余　金	800,000	
		売　　　　　上	537,000	
		受　取　利　息		
	260,300	仕　　　　　入		
	5,000	消　耗　品　費		
	200,000	給　　　　　料		
	70,000	支　払　家　賃		
		（　　　　　　）		
		（　　　　　　）		
		（　　　　　　）		
	9,498,300		9,498,300	

次の各取引の伝票記入について，空欄①から⑥にあてはまる適切な語句または金額を答えなさい。なお，当社では3伝票制を採用しており，商品売買取引の処理は三分法により行っている。

（1）商品￥100,000を仕入れ，代金のうち￥10,000を現金で支払い，残額は約束手形を振り出した。

（ ① ）伝票	
科目	金額
	10,000

振替伝票			
借方科目	金額	貸方科目	金額
②		③	90,000

（2）商品￥100,000を仕入れ，代金のうち￥10,000はすでに支払った手付金で充当し，残額は現金で支払った。

（ ④ ）伝票	
科目	金額
⑤	⑥

振替伝票			
借方科目	金額	貸方科目	金額
	100,000		

①	②	③	④	⑤	⑥

第5問

次の北浦和株式会社の（1）決算整理前残高試算表と（2）決算整理事項等にもとづいて，答案用紙の貸借対照表と損益計算書を完成しなさい。なお，会計期間は×2年1月1日から×2年12月31日までの1年間である。

（1）

決算整理前残高試算表

借　方	勘定科目	貸　方
620,000	現　　　　　金	
	当　座　預　金	240,000
523,000	売　　掛　　金	
180,000	仮　払　消　費　税	
200,000	仮　払　法　人　税　等	
30,000	繰　越　商　品	
2,430,000	建　　　　　物	
1,200,000	備　　　　　品	
2,000,000	土　　　　　地	
	買　　掛　　金	340,000
	借　　入　　金	3,000,000
	仮　　受　　金	23,000
	仮　受　消　費　税	250,000
	貸　倒　引　当　金	24,000
	建物減価償却累計額	270,000
	備品減価償却累計額	600,000
	資　　本　　金	700,000
	繰　越　利　益　剰　余　金	20,000
	売　　　　　上	2,705,200
920,000	仕　　　　　入	
37,500	給　　　　　料	
4,500	通　　信　　費	
27,200	支　払　保　険　料	
8,172,200		8,172,200

（2）決算整理事項等

1. 期末商品棚卸高は¥20,000である。

2. 売掛金の期末残高に対して貸倒引当金を差額補充法により2%設定する。

3. 有形固定資産について，次の要領で定額法により減価償却を行う。

　　建物：耐用年数27年　残存価額ゼロ

　　備品：耐用年数12年　残存価額ゼロ

4. 消費税の処理（税抜方式）を行う。

5. 未払法人税等¥300,000を計上する。

6. 当座預金勘定に適切な処理を行う。なおその際には決算整理前残高試算表に使われている勘定を使うこと。

7. 郵便切手の未使用分が¥1,000あるので適切な処理を行う。

8. 給料の未払分が¥4,000ある。

9. 保険料の前払額が¥6,800ある。

10. 仮受金は売掛金の回収であることが判明した。

11. 昨年，回収不能となった売掛金のうち¥9,100が現金にて回収されたが未処理であった。

12. 売掛金のうち¥44,000が回収不能になったが未処理である。

13. 備品¥600,000を期末に¥340,000で売却し，代金は現金で受け取ったが未処理である。なお備品はすべて同時期に取得している。

貸借対照表

北浦和株式会社　　　　　　　　×2年12月31日　　　　　　　　（単位：円）

資　　産	金　　額	負債及び純資産	金　　額
現　　　　金		買　　掛　　金	
売　　掛　　金		借　　入　　金	
（　　　　）		（　　　　　）	
商　　　　品		（　　　　　）	
建　　　　物		（　　　　　）	
（　　　　）		資　　本　　金	
備　　　　品		繰越利益剰余金	
（　　　　）			
（　　　　）			
（　　　　）			
土　　　　地			

損益計算書

北浦和株式会社　　　　×2年1月1日から×2年12月31日　　　　（単位：円）

費　　用	金　　額	収　　益	金　　額
（　　　　）		売　　　　上	
給　　　　料		（　　　　　）	
通　　信　　費		（　　　　　）	
支　払　保　険　料			
（　　　　）			
（　　　　）			
（　　　　）			
（　　　　）			
（　　　　）			

勘定科目一覧表

勘　定　科　目	属性	内　容，特　徴　な　ど
現　　　　　金	資産	通貨と通貨代用証券。
現　金　過　不　足		現金の実際有高と帳簿残高が一致しない場合の調整。
小　口　現　金	資産	小口現金係に渡した現金とその使途を記録。
当　座　預　金	資産	手形・小切手の受け払いの口座。
諸預金（その他の預金）	資産	普通預金，定期預金，郵便貯金などの口座。
売　　掛　　金	資産	代金を後日受け取る約束で商品を売り上げた際に，まだ受け取っていない売上代金。
貸　　付　　金	資産	他人に貸し付けた金銭。
未　収　入　金	資産	商品，製品以外の物品あるいはサービスを，代金は後日受け取る約束で売却した場合に生じる債権。
前　　払　　金	資産	商品を購入する前に支払う，代金の一部（内金など）。
立　　替　　金	資産	本来，従業員や取引先などが支払うべき金額を，代わりに一時的に立て替えて支払った金額。
仮　　払　　金	資産	現金などを支出した段階で，その用途や最終的な金額が確定していない支出額。
受　取　手　形	資産	商品売買代金を手形の発行によって決済する場合に生じる債権。
手　形　貸　付　金	資産	約束手形と引き換えに貸し付けた金額。
建　　　　　物	資産	本社ビル，営業用倉庫，営業用店舗など。
備　　　　　品	資産	営業用のコンピュータ，コピー機，ファックス，机，応接セットなど。
車　両　運　搬　具	資産	営業用の乗用車，トラック，フォークリフト，バイクなど。
土　　　　　地	資産	地目や用途は問わないが，販売目的以外で保有するもの。
前　払　費　用	資産	すでに費用として計上されている項目のうち，次期以降に繰り延べるべきもの。
未　収　収　益	資産	本来，当期の収益として計上されるべき項目で，まだ現金などの受取りが行われていないために収益として記帳されていないもの。
クレジット売掛金	資産	クレジットカード決済により発生した掛代金。
電　子　記　録　債　権	資産	電子債権記録機関の記録原簿に登録された債権。
差　入　保　証　金	資産	家賃などの債務の担保として支払った保証金。
貯　　蔵　　品	資産	決算で判明した収入印紙や切手の未使用分を管理するための資産勘定。
仮　払　法　人　税　等	資産	中間申告で納付した法人税等。
仮　払　消　費　税	資産	商品を仕入れた際に支払った消費税額。
当　座　借　越	負債	当座借越契約が定めた範囲内で，当座預金残高を超過して小切手を振り出した場合，その金額の残高。
買　　掛　　金	負債	代金を後日支払う約束で商品を仕入れた際に，まだ支払っていない仕入代金。
借　　入　　金	負債	他人から借り入れた金銭。
未　　払　　金	負債	商品，製品以外の物品あるいはサービスを，代金は後日支払う約束で購入した場合に生じる債務。

前　受　金	負債	商品を販売する前に相手から受け取る，代金の一部（内金など）。
預　り　金	負債	本来，従業員や取引先などが支払うべき金額を，給与引きなどの方法で一時的に預かった金額。
仮　受　金	負債	現金などの収入があった段階で，その内容や最終的な金額が確定していない収入額。
受　取　商　品　券	負債	券面額相当の商品を引き渡す義務を表わす有価証券。
支　払　手　形	負債	商品売買代金を手形の発行によって決済する場合に生じる債務。
手　形　借　入　金	負債	約束手形と引き換えに借り入れた金額。
前　受　収　益	負債	すでに収益として計上されている項目のうち，次期以降に繰り延べるべきもの。
未　払　費　用	負債	本来，当期の費用として計上されるべき項目で，まだ現金などの支払いが行われていないために費用として記帳されていないもの。
電　子　記　録　債　務	負債	電子債権記録機関の記録原簿に登録された債務。
未　払　法　人　税	負債	確定申告で確定した法人税等の未払額。
仮　受　消　費　税	負債	商品の売上げの際に受け取った消費税額。
未　払　消　費　税	負債	決算で計上された仮払消費税の額を上回った仮受消費税の額。
未　払　配　当　金	負債	株主総会で決議された配当金の未払額。
資　本　金	純資産	株式の発行により調達した資金。
繰　越　利　益　剰　余　金	純資産	計上された当期純利益を積み立てる勘定。
利　益　準　備　金	純資産	配当金額に応じた繰越利益剰余金からの振替を積み立てる勘定。
雑益（雑収入，雑収益）	収益	決算日に現金過剰の残高がある場合にその金額を記録する。
売　上	収益	三分法を採用した際に，売り上げた商品。
貸　倒　引　当　金　戻　入	収益	決算における貸倒引当金の残高が，設定すべき貸倒引当金よりも多い場合，その金額。
償　却　債　権　取　立　益	収益	前期以前に貸倒れとして処理した債権について，債務者による資産の処分などによりこれを回収した場合，その金額。
固　定　資　産　売　却　益	収益	売却した有形固定資産について，売却価額が帳簿価額よりも高い場合，その金額。
雑　損（雑　損　失）	費用	決算日に現金不足の残高がある場合にその金額。
仕　入	費用	三分法を採用した際に，仕入れた商品。
発　送　費	費用	商品の販売において，運賃，輸送費などを売主側が負担した場合，その金額。
貸　倒　損　失	費用	債務者の倒産などにより回収できなくなった債権。
貸　倒　引　当　金　繰　入	費用	決算において加算した貸倒引当金の金額。
貸　倒　引　当　金		貸倒れの見積り金額。
減　価　償　却　費	費用	決算における有形固定資産の価値の減少額。
減　価　償　却　累　計　額		減価償却において間接法を採用した場合に，これまで計上してきた減価償却費について，各有形固定資産ごとの集計額。
固　定　資　産　売　却　損	費用	売却した有形固定資産について，売却価額が帳簿価額よりも低い場合，その金額。
消　耗　品　費	費用	使用期間が1年未満，または取得原価が少額の事務用品や包装用材料など。
損　益		収益と費用の諸勘定を集めたもので，決算の際に用いる。
法人税，住民税及び事業税		確定した法人税等を計上する勘定。

明解簿記講義

解 答 編

■ 第2回　貸借対照表の概要

（1）

（a）	￥800,000	（b）	￥2,000,000	（c）	￥2,000,000
（d）	￥900,000	（e）	￥1,000,000		

解 説

問題の内容を表にまとめると以下のようになる。

	資 産		負 債		純資産			
（a）	￥1,200,000	＝	￥400,000	＋	￥X		純資産	＝￥1,200,000 － ￥400,000 ＝￥800,000
（b）	￥2,500,000	＝	￥X	＋	￥500,000		負 債	＝￥2,500,000 － ￥500,000 ＝￥2,000,000
（c）	￥X	＝	￥1,400,000	＋	￥600,000	→	資 産	＝￥1,400,000 ＋￥600,000 ＝￥2,000,000
（d）	￥900,000	＝	￥0	＋	￥X		純資産	＝￥900,000 － ￥0 ＝￥900,000
（e）	￥1,200,000	＝	￥200,000	＋	￥X		純資産	＝￥1,200,000 － ￥200,000 ＝￥1,000,000

（2）

	期首純資産	期末純資産	期末資産	期末負債	当期純利益
（a）	￥225,000	**￥260,000**	￥495,000	￥235,000	**￥35,000**
（b）	**￥228,000**	**￥302,000**	￥555,000	￥253,000	￥74,000
（c）	￥110,000	￥136,000	￥251,000	**￥115,000**	**￥26,000**
（d）	￥245,000	**￥279,000**	**￥457,000**	￥178,000	￥34,000
（e）	**￥140,000**	￥150,000	**￥273,000**	￥123,000	￥10,000

第3回　損益計算書による損益計算

（1）

	期首純資産	期末純資産	収　　益	費　　用	当期純利益
（a）	¥ 320,000	¥360,000	¥ 160,000	¥120,000	¥ 40,000
（b）	¥ 440,000	¥500,000	¥230,000	¥ 170,000	¥ 60,000
（c）	¥61,000	¥ 79,000	¥ 38,000	¥20,000	¥ 18,000
（d）	¥140,000	¥ 163,000	¥ 128,000	¥ 105,000	¥23,000
（e）	¥ 167,000	¥ 213,000	¥64,000	¥ 18,000	¥46,000

（2）

	期首資産	期首負債	期首純資産	期末資産	期末負債	期末純資産	損益	収益	費用
①	8	2	6	35	14	21	15	55	40
②	15	7	8	20	15	5	△ 3	5	8
③	50	10	40	80	30	50	10	60	50
④	100	30	70	200	50	150	80	100	20
⑤	140	40	100	100	20	80	△ 20	80	100

第4回　取引の意義

（1）

①	②	③	④
A，C	B，D	B，G	A，B

順不同

解説

① 借り入れという資金の提供を受けたので，現金という「A 資産が増加」し，借入金という「C 負債が増加」した。

② 借り入れの一部を現金にて返済したので，現金という「B 資産が減少」し，借入金という「D 負債が減少」した。

③ 現金による従業員への給料支払いであることから，現金という「B 資産が減少」し，給料という「G 費用が発生」した。

④ コンピュータを現金購入したので，備品という「A 資産が増加」し，現金という「B 資産が減少」した。

（2）

	勘定科目	収益 or 費用
金庫にある定期預金証書	定期預金	資産
営業用のトラック	車両運搬具	資産
金庫の中の紙幣	現金	資産
銀行からの借金	借入金	負債
応接セット	備品	資産
営業用の倉庫	建物	資産

（3）

	勘定科目	収益 or 費用
販売手数料の受取り	受取手数料	収益
雑誌の広告宣伝料の支払い	広告宣伝費	費用
電話代の支払い	通信費	費用
商品発送のための送料	発送費	費用
切手の代金	通信費	費用
給料の支払い	給料	費用
利息の受取り	受取利息	収益
家賃の受取り	受取家賃	収益
保険料の支払い	支払保険料	費用
水道料金の支払い	水道光熱費	費用

（4）

貸借対照表

A社　　　　　　　　　　　×2年12月31日　　　　　　　　（単位：円）

資産	金額	負債および純資産	金額
現金	71,000	買掛金	519,000
売掛金	407,000	借入金	250,000
貸付金	235,000	資本金	468,000
建物	400,000		
備品	124,000		
	1,237,000		1,237,000

損　益　計　算　書

A社　　　　×2年1月1日から×2年12月31日まで　　　　（単位：円）

費　　用	金　　額	収　　益	金　　額
給　　料	50,000	受取手数料	63,000
水道光熱費	1,000	受取家賃	10,000
通　信　費	2,000	受取配当金	20,000
支払利息	3,000		
当期純利益	37,000		
	93,000		93,000

第5回　仕訳の意義

		1	2	3	4	5
取引要素	①	資産の増加	資産の増加	費用の発生	費用の発生	資産の増加
	②	負債の増加	資産の減少	資産の減少	資産の減少	資産の減少
勘　　定	①	現　　金	建　　物	通　信　費	支払地代	普通預金
	②	借　入　金	現　　金	現　　金	現　　金	現　　金
金　　額	①	400,000	10,000,000	3,000	80,000	300,000
	②	400,000	10,000,000	3,000	80,000	300,000

第6回　総勘定元帳への転記

（1）

7月5日	建　　物	200,000	/	現　　金	200,000
12日	現　　金	300,000	/	借　入　金	300,000
15日	水道光熱費	3,000	/	現　　金	3,000
25日	現　　金	15,000	/	受取家賃	15,000
30日	支払利息	3,000	/	現　　金	3,000

	現　　金			
7/12 借入金	300,000	7/5 建　物	200,000
25 受取家賃	15,000	15 水道光熱費	3,000
		30 支払利息	3,000

	借　入　金	
	7/12 現　金	300,000

	建　　物	
7/5 現　金	200,000	

	受取家賃	
	7/25 現　金	15,000

	水道光熱費	
7/15 現　金	3,000	

	支払利息	
7/30 現　金	3,000	

（2）

①

	現　　金			
5/1 諸　口	1,000,000	5/2 支払家賃	40,000
6 受取手数料	50,000	3 水道光熱費	10,000
		4 備　品	200,000
		5 通信費	10,000

	支払家賃	
5/2 現　金	40,000	

	通　信　費	
5/5 現　金	10,000	

	備　　品	
5/4 現　金	200,000	

	水道光熱費	
5/3 現　金	10,000	

	受取手数料	
	5/6 現　金	50,000

②残高	
5月2日	960,000
5月3日	950,000
5月4日	750,000
5月5日	740,000
5月6日	790,000

第7回　現　金

（1）

4月18日	現　　金	12,000	/	受取配当金	12,000
5月25日	現　　金	850,000	/	受取手数料	850,000
6月30日	現　　金	50,000	/	受取地代	50,000

（2）

7月14日	現　　金	14,000	/	現金過不足	14,000
8月8日	現金過不足	13,000	/	受取利息	13,000
12月31日	現金過不足	1,000	/	雑　　益	1,000

第8回　当座預金，その他の預金

（1）

10月24日	当座預金	200,000	/	現　　金	200,000
28日	広告宣伝費	30,000	/	当座預金	30,000
31日	当座預金	50,000	/	受取手数料	50,000

解　説　10月31日に回収した小切手は当社振出なので自己振出小切手である。したがって，当座預金勘定を増額する。

（2）

8月1日	当座預金	500,000	/	現　　金	500,000
8日	支払家賃	140,000	/	当座預金	140,000
13日	現　　金	200,000	/	受取手数料	200,000
19日	当座預金	100,000	/	受取手数料	100,000
26日	当座預金	80,000	/	普通預金	80,000

解　説　8月19日に他人振出小切手を受け取っているが当座預金に直ちに預け入れたので現金勘定ではない。

（3）

10月14日	当座預金	500,000	/	現　　金	500,000
20日	支払家賃	300,000	/	当座預金	300,000
21日	当座預金	102,000	/	定期預金	100,000
				受取利息	2,000
22日	備　　品	70,000	/	当座預金	70,000
23日	車両運搬具	1,000,000	/	当座預金	1,000,000
25日	水道光熱費	13,000	/	当座預金	13,000
26日	当座預金	980,000	/	売　掛　金	980,000
27日	買　掛　金	110,000	/	当座預金	110,000
28日	借　入　金	480,000	/	現　　金	400,000
	支払利息	14,000	/	当座預金	94,000
29日	現　　金	100,000	/	受取手数料	800,000
	当座預金	700,000	/		

当　座　預　金

10/14 現　金	500,000	10/20 支払家賃	300,000
21 諸　口	102,000	22 備　品	70,000
26 売掛金	980,000	23 車両運搬具	1,000,000
29 受取手数料	700,000	25 水道光熱費	13,000
		27 買掛金	110,000
		28 諸　口	94,000

解　説　10月28日　他人振出小切手は受け取った時に現金勘定を増加させているので，それを支払手
段として使った場合は，現金勘定を減額する。

（4）

①	普通預金	10,500	/	定期預金	10,000
			/	受取利息	500
②	支払家賃	100,000	/	当座預金	100,000
③	当座預金	10,000	/	売　掛　金	10,000

第9回　2種類の資金調達方法

①		普通預金	80,000	/	資本金	80,000
②		当座預金	600,000	/	資本金	600,000
③	a	貸付金	500,000	/	当座預金	500,000
	b	現金	512,000	/	貸付金	500,000
					受取利息	12,000
④	a	貸付金	1,500,000	/	当座預金	1,470,000
					受取利息	30,000
	b	現金	1,500,000	/	貸付金	1,500,000
⑤		借入金	2,000,000	/	普通預金	2,020,000
		支払利息	20,000			
⑥		借入金	5,000,000	/	普通預金	5,100,000
		支払利息	100,000			

解説　利息の計算で使う利率の期間は1年間なので借入・貸付の期間が1年未満の場合は月割, 日割の計算が必要となる。

第10回　商品売買①

8月1日	仕　入	800,000	/	現　金	800,000
3日	普通預金	50,000	/	仕　入	50,000
5日	現　金	350,000	/	売　上	350,000
6日	仕　入	203,000	/	現　金	203,000
8日	売　上	15,000	/	普通預金	15,000
9日	現　金	180,000	/	売　上	180,000

第11回　商品売買②

（1）

8月1日	仕　入	6,000	/	現　金	6,000
3日	仕　入	6,000	/	現　金	6,000
4日	現　金	600	/	仕　入	600
5日	現　金	3,000	/	売　上	3,000
6日	現　金	7,000	/	売　上	7,000
9日	売　上	1,750	/	現　金	1,750

仕　入　帳

日	付	摘　　要		内　訳	金　　額
8	1	A社　現金			
		鉛筆　　　100本　　@¥50		5,000	
		引取運賃現金払い		1,000	6,000
	3	C社　現金			
		ノート　　60冊　　@¥100			6,000
	4	C社　現金返品			
		ノート　　6冊　　　@¥100			600
	31	総仕入高			12,000
		仕入戻し高			600
		純仕入高			11,400

売　上　帳

日	付	摘　　要		内　訳	金　　額
8	5	B社　現金			
		ファイル　20枚　　@¥150			3,000
	6	D社　現金			
		定規　　　20本　　@¥350			7,000
	9	D社　現金返品			
		定規　　　5本　　　@¥350			1,750
	31	総売上高			10,000
		売上戻り高			1,750
		純仕入高			8,250

（２）①先入先出法

商品有高帳
F商品

(先入先出法)

日付 月	日	摘要	受入 数量	単価	金額	払出 数量	単価	金額	残高 数量	単価	金額
2	11	A社仕入	6,000	100	600,000				6,000	100	600,000
	13	D社売上				3,500	100	350,000	2,500	100	250,000
	16	B社仕入	1,000	135	135,000				2,500	100	250,000
									1,000	135	135,000
	19	E社売上				2,500	100	250,000			
						500	135	67,500	500	135	67,500
	20	C社仕入	2,500	140	350,000				500	135	67,500
									2,500	140	350,000
2	28	次月繰越				500	135	67,500			
						2,500	140	350,000			
			9,500		1,085,000	9,500		1,085,000			
3	1	前月繰越	500	135	67,500				500	135	67,500
			2,500	140	350,000				2,500	140	350,000

売上原価：¥667,500

売上総利益：¥872,500

②移動平均法

商品有高帳
F商品

(移動平均法)

日付 月	日	摘要	受入 数量	単価	金額	払出 数量	単価	金額	残高 数量	単価	金額
2	11	A社仕入	6,000	100	600,000				6,000	100	600,000
	13	D社売上				3,500	100	350,000	2,500	100	250,000
	16	B社仕入	1,000	135	135,000				3,500	110	385,000
	19	E社売上				3,000	110	330,000	500	110	55,000
	20	C社仕入	2,500	140	350,000				3,000	135	405,000
2	28	次月繰越				3,000	135	405,000			
			9,500		1,085,000	9,500		1,085,000			
3	1	前月繰越	3,000	135	405,000				3,000	135	405,000

売上原価：¥680,000

売上総利益：¥860,000

解説　移動平均法では，2月16日の単価は次のように計算される。

$$\frac{直前の残高（¥250,000）＋16日仕入（¥135,000）}{16日の直前の在庫数量（2,500個）＋16日の仕入数量（1,000個）}＝¥110$$

— 10 —

売上原価は商品有高帳の「払出」欄のうち「次期繰越」以外の金額を合計することにより求められる。本問では，先入先出法による売上原価は￥350,000 ＋ ￥250,000 ＋ ￥67,500 ＝ ￥667,500，移動平均法による売上原価は￥350,000 ＋ ￥330,000 ＝ ￥680,000 である。

　売上総利益は，当期の純売上高と売上原価との差額であるから，先入先出法では，（￥700,000 ＋ ￥840,000）－ ￥667,500 ＝ ￥872,500 となり，移動平均法では，（￥700,000 ＋ ￥840,000）－ ￥680,000 ＝ ￥860,000 となる。

第12回　売上債権と仕入債務①

（1）

①	a	現　　　金	80,000	/	前　受　金		80,000
	b	前　受　金	80,000	/	売　　　上		800,000
		売　掛　金	720,000	/			
②	a	受取商品券	50,000	/	売　　　上		50,000
	b	普　通　預　金	100,000	/	受取商品券		100,000

（2）

京都株式会社

①	前　払　金	20,000	/	当座預金		20,000
②	仕　　　入	250,000	/	前　払　金		20,000
			/	買　掛　金		230,000

大阪株式会社

①	現　　　金	20,000	/	前　受　金		20,000
②	前　受　金	20,000	/	売　　　上		250,000
	売　掛　金	230,000	/			

（3）

7月1日	仕訳なし					
9日	現　　　金	50,000	/	売　掛　金		50,000
13日	売　掛　金	150,000	/	売　　　上		150,000
15日	現　　　金	50,000	/	売　　　上		120,000
	売　掛　金	70,000	/			
22日	売　　　上	5,000	/	売　掛　金		5,000
25日	現　　　金	200,000	/	売　掛　金		200,000

売掛金元帳

X 社

日 付		摘　　　要	借　方	貸　方	借/貸	残　高
7	1	前 月 繰 越	300,000		借	300,000
	9	小 切 手 受 け 取 り		50,000	〃	250,000
	13	売　　　　上	150,000		〃	400,000
	15	売　　　　上	70,000		〃	470,000
	22	返　　　　品		5,000	〃	465,000
	25	小 切 手 受 け 取 り		200,000	〃	265,000
	31	次 月 繰 越		265,000		
			520,000	520,000		
8	1	前 月 繰 越	265,000		借	265,000

（4）

7月1日	仕訳なし			
9日	買 掛 金	50,000 /	当座預金	50,000
13日	仕　　入	150,000 /	買 掛 金	150,000
15日	仕　　入	120,000 /	当座預金	50,000
			買 掛 金	70,000
22日	買 掛 金	5,000 /	仕　　入	5,000
25日	買 掛 金	200,000 /	当座預金	200,000

買掛金元帳

A 社

日 付		摘　　　要	借　方	貸　方	借/貸	残　高
7	1	前 月 繰 越		300,000	貸	300,000
	9	小 切 手 振 り 出 し	50,000		〃	250,000
	13	仕　　　　入		150,000	〃	400,000
	15	仕　　　　入		70,000	〃	470,000
	22	返　　　　品	5,000		〃	465,000
	25	小 切 手 振 り 出 し	200,000		〃	265,000
	31	次 月 繰 越	265,000			
			520,000	520,000		
8	1	前 月 繰 越		265,000	貸	265,000

(5)

8月1日	仕 入	500,000	/	B 社	500,000
2日	B 社	10,000	/	仕 入	10,000
3日	C 社	300,000	/	売 上	300,000
4日	仕 入	405,000	/	D 社	400,000
				現 金	5,000
6日	売 上	5,000	/	C 社	5,000
8日	E 社	800,000	/	売 上	800,000
	発送費	8,000		現 金	8,000

C社			
8/3 売 上 300,000	8/6 売 上 5,000		

B社			
8/2 仕 入 10,000	8/1 仕 入 500,000		

E社	
8/3 売 上 800,000	

D社	
	8/4 仕 入 400,000

第13回　売上債権と仕入債務②

（1）

8月1日

A社	仕 入	500,000	/	支払手形	500,000
B社	受取手形	500,000	/	売 上	500,000

8月5日

A社	現 金	100,000	/	売 上	300,000
	受取手形	200,000			
C社	仕 入	300,000	/	当座預金	100,000
				支払手形	200,000

9月1日

A社	支払手形	500,000	/	当座預金	500,000
B社	当座預金	500,000	/	受取手形	500,000

（2）

8月1日	売 掛 金	200,000	/	売 上	200,000
2日	電子記録債権	200,000	/	売 掛 金	200,000
3日	仕 入	800,000	/	買 掛 金	800,000
4日	買 掛 金	800,000	/	電子記録債務	800,000
9月10日	当 座 預 金	200,000	/	電子記録債権	200,000
11日	電子記録債務	800,000	/	当 座 預 金	800,000

（3）

①	売 掛 金	300,000	/	売 上	300,000
②	貸 倒 損 失	300,000	/	売 掛 金	300,000
③	現 金	100,000	/	償却債権取立益	100,000

（4）

①	普 通 預 金	500,000	/	手 形 借 入 金	500,000
②	手 形 借 入 金	500,000	/	現 金	515,000
	支 払 利 息	15,000	/		

第14回　有形固定資産

（1）

①	建 物	80,200,000	/	当 座 預 金	20,000,000
				未 払 金	60,000,000
				現 金	200,000
②	建 物	30,000,000	/	普 通 預 金	35,000,000
	修 繕 費	5,000,000	/		

第15回　その他の期中取引

（1）

小口現金出納帳

受入れ	日	付	摘 要	支払い	内 訳 旅費交通費	通 信 費	消耗品費	雑 費
50,000	5	1	前 月 繰 越					
		2	バ ス 代	21,000	21,000			
		14	郵 便 切 手 代	10,400		10,400		
		19	文 房 具 代	3,200			3,200	
		25	茶 菓 子 代	2,300				2,300
			合 計	36,900	21,000	10,400	3,200	2,300
36,900		31	小 切 手 受 入 れ					
			次 月 繰 越	50,000				
86,900				86,900				
50,000	6	1	前 月 繰 越					
		〃	郵 便 切 手 代	8,300		8,300		
		11	葉 書 代	2,500		2,500		
		13	文 房 具 代	5,700			5,700	
		24	電 車 代	10,800	10,800			
			合 計	27,300	10,800	10,800	5,700	
27,300		30	小 切 手 受 入 れ					
			次 月 繰 越	50,000				
77,300				77,300				
50,000	7	1	前 月 繰 越					

5月30日	旅費交通費	21,000		小口現金	36,900		
	通 信 費	10,400					
	消 耗 品 費	3,200					
	雑 費	2,300					
31日	小 口 現 金	36,900	/	当 座 預 金	36,900		
6月29日	旅費交通費	10,800		小 口 現 金	27,300		
	通 信 費	10,800					
	消 耗 品 費	5,700					
30日	小 口 現 金	27,300	/	当 座 預 金	27,300		

（2）

①	a	立 替 金	10,000	/	現 金	10,000
	b	給 料	180,000		立 替 金	10,000
					所得税預り金	15,000
					現 金	155,000
②	a	仮 払 金	100,000	/	現 金	100,000
	b	当 座 預 金	100,000	/	仮 受 金	100,000
	c	仮 受 金	100,000	/	売 掛 金	100,000
	d	旅費交通費	108,000		仮 払 金	100,000
					現 金	8,000
③	a	建 物	1,000,000		現 金	200,000
					未 払 金	800,000
	b	未 払 金	800,000	/	当 座 預 金	800,000

（3）

①	現 金	50,000	/	売 上	50,000
②	現 金	450,000	/	当 座 預 金	450,000
③	貸 倒 損 失	250,000	/	貸倒引当金	250,000

解 説

③に必要な仕訳は以下の2つである。

貸 倒 引 当 金	100,000	/	売 掛 金	350,000	（正しい仕訳）
貸 倒 損 失	250,000				
売 掛 金	350,000	/	貸 倒 引 当 金	350,000	（誤った仕訳の逆仕訳）

第Ⅱ部で扱う取引の仕訳問題

第7回-1

（1）	支払家賃	120,000	/	現　金	120,000
（2）	現　金	100,000	/	受取手数料	100,000

第7回-2

（1）	現金過不足	500	/	現　金	500
（2）	現金過不足	10,000	/	売掛金	10,000
（3）	旅費交通費	8,000	/	現金過不足	8,000
（4）	雑　損	2,500	/	現金過不足	2,500

第8回-1

（1）	支払家賃	150,000	/	当座預金	150,000
（2）	現　金	230,000	/	売　上	230,000

第8回-2

（1）	備　品	300,000	/	当座預金	300,000
（2）	当座預金	200,000	/	当座借越	200,000
	あるいは				
	当座預金	200,000	/	借入金	200,000
（3）	当座借越	200,000	/	当座預金	200,000
	あるいは				
	借入金	200,000	/	当座預金	200,000

第8回-3

（1）	当座預金A銀行	300,000	/	現　金	300,000
（2）	普通預金D銀行	301,000	/	定期預金D銀行	300,000
			/	受取利息	1,000

第9回-1

（1）	普通預金	240,000	/	資本金	240,000
（2）	当座預金	336,000	/	資本金	336,000

第9回-2

（1）	当座預金	970,000	/	借入金	1,000,000
	支払利息	30,000	/		
（2）	普通預金	1,006,000	/	貸付金	1,000,000
			/	受取利息	6,000
（3）	借入金	3,000,000	/	当座預金	3,018,000
	支払利息	18,000	/		

第10回-1

（1）	仕　入	20,000	/	当座預金	20,000
（2）	現　金	50,000	/	売　上	50,000

第10回－2

8月1日	仕 入	10,000	買 掛 金	10,000
8日	買 掛 金	1,000	仕 入	1,000
10日	売 掛 金	20,000	売 上	20,000
15日	売 上	1,000	売 掛 金	1,000

第10回－3

（1）	仕 入	205,000	当 座 預 金	200,000
			現 金	5,000
（2）	現 金	500,000	売 上	500,000
	発 送 費	20,000	現 金	20,000

第11回

（1）	仕 入	500,000	現 金	550,000
	仮払消費税	50,000		
（2）	現 金	22,000	売 上	20,000
			仮受消費税	2,000
（3）	仮受消費税	320,000	仮払消費税	180,000
			未払消費税	140,000
（4）	未払消費税	140,000	普 通 預 金	140,000

第12回－1

（1）	クレジット売掛金	49,000	売 上	50,000
	支 払 手 数 料	1,000		
（2）	普 通 預 金	49,000	クレジット売掛金	49,000

第12回－2

A社

3月1日	前 払 金	30,000	現 金	30,000
15日	仕 入	300,000	前 払 金	30,000
			買 掛 金	270,000

B社

3月1日	現 金	30,000	前 受 金	30,000
15日	前 受 金	30,000	売 上	300,000
	売 掛 金	270,000		

第12回－3

| （1） | 受 取 商 品 券 | 20,000 | 売 上 | 20,000 |
| （2） | 普 通 預 金 | 55,000 | 受 取 商 品 券 | 55,000 |

第13回－1

| （1） | 手 形 貸 付 金 | 1,000,000 | 現 金 | 1,000,000 |
| （2） | 手 形 借 入 金 | 900,000 | 普 通 預 金 | 900,000 |

第13回－2

| （1） | 電 子 記 録 債 権 | 200,000 | 売 掛 金 | 200,000 |
| （2） | 当 座 預 金 | 200,000 | 電 子 記 録 債 権 | 200,000 |

| 第13回-3 | （1） | 買　掛　金 | 250,000 | / | 電子記録債務 | 250,000 |
| | （2） | 電子記録債務 | 250,000 | / | 当　座　預　金 | 250,000 |

| 第13回-4 | 貸　倒　損　失 | 93,000 | / | 売　掛　金 | 93,000 |

| 第13回-5 | 現　　　金 | 190,000 | / | 償却債権取立益 | 190,000 |

| 第14回-1 | 土　　　　地 | 10,350,000 | / | 当　座　預　金 | 9,000,000 |
| | | | | 現　　　金 | 1,350,000 |

| 第14回-2 | 建　　　物 | 2,000,000 | / | 当　座　預　金 | 2,300,000 |
| | 修　繕　費 | 300,000 | / | | |

第15回-1	1月1日	仮　払　金	2,000	/	現　　　金	2,000
	30日	旅　費　交　通　費	1,500	/	仮　払　金	1,900
		雑　　　費	400	/		

| 第15回-2 | （1） | 未　収　入　金 | 2,000 | / | 雑　　　益 | 2,000 |
| | （2） | 備　　　品 | 600,000 | / | 未　払　金 | 600,000 |

第15回-3	（1）	立　替　金	5,000	/	当　座　預　金	5,000
	（2）	給　　　料	200,000	/	普　通　預　金	150,000
					所　得　税　預り金	20,000
					社会保険料預り金	30,000
	（3）	社会保険料預り金	40,000	/	普　通　預　金	80,000
		法　定　福　利　費	40,000	/		
	（4）	所　得　税　預り金	230,000	/	現　　　金	230,000

第15回-4	（1）	仮　払　金	100,000	/	現　　　金	100,000
	（2）	当　座　預　金	90,000	/	仮　受　金	90,000
	（3）	仮　受　金	90,000	/	受　取　手　数　料	90,000
	（4）	現　　　金	40,000	/	仮　払　金	100,000
		旅　費　交　通　費	60,000	/		

第15回-5	差　入　保　証　金	150,000	/	普　通　預　金	300,000
	支　払　手　数　料	75,000	/		
	支　払　家　賃	75,000	/		

| 第15回-6 | 受　取　手　形 | 150,000 | / | 当　座　預　金 | 150,000 |

第 16 回　試算表の概要

（1）

6月1日	普 通 預 金	800,000	/	資 本 金	800,000
5日	車両運搬具	150,000	/	普 通 預 金	150,000
12日	貸 付 金	100,000	/	普 通 預 金	100,000
18日	通 信 費	3,000	/	普 通 預 金	3,000
22日	給 料	15,000	/	普 通 預 金	15,000
30日	普 通 預 金	30,000	/	受 取 利 息	30,000

普通預金　　　　　1			
6/1 資本金	800,000	6/5 車両運搬具	150,000
30 受取利息	30,000	12 貸付金	100,000
		18 通信費	3,000
		22 給料	15,000

貸付金　　　　　3	
6/12 普通預金 100,000	

車両運搬具　　　　6	
6/5 普通預金 150,000	

通信費　　　　　15	
6/18 普通預金 3,000	

資本金　　　　　8	
	6/1 普通預金 800,000

受取利息　　　　12	
	6/30 普通預金 30,000

給料　　　　　18	
6/22 普通預金 15,000	

残 高 試 算 表

借　　　方	元丁	勘 定 科 目	貸　　　方
562,000	1	普 通 預 金	
100,000	3	貸 付 金	
150,000	6	車両運搬具	
	8	資 本 金	800,000
	12	受 取 利 息	30,000
3,000	15	通 信 費	
15,000	18	給 料	
830,000			830,000

（2）①

9月1日	普 通 預 金	80,000	/	資 本 金	80,000
3 日	普 通 預 金	10,000	/	借 入 金	10,000
4 日	車両運搬具	20,000	/	普 通 預 金	20,000
13 日	普 通 預 金	30,000	/	受取手数料	30,000
20 日	備 品	23,000	/	普 通 預 金	23,000
25 日	給 料	30,000	/	普 通 預 金	30,000
26 日	普 通 預 金	40,000	/	受取手数料	40,000
30 日	支 払 利 息	4,000	/	普 通 預 金	4,000

②

普 通 預 金　　　　1

9/1 資本金	80,000	9/4 車両運搬具	20,000
3 借入金	10,000	20 備品	23,000
13 受取手数料	30,000	25 給料	30,000
26 〃	40,000	30 支払利息	4,000

車両運搬具　　　　2

9/4 普通預金	20,000		

借 入 金　　　　5

		9/3 普通預金	10,000

備 品　　　　3

9/20 普通預金	23,000		

受取手数料　　　　10

		9/13 普通預金	30,000
		26 〃	40,000

資 本 金　　　　7

		9/1 普通預金	80,000

給 料　　　　13

9/25 普通預金	30,000		

支 払 利 息　　　　15

9/30 普通預金	4,000		

③

残 高 試 算 表

借　　方	元丁	勘 定 科 目	貸　　方
83,000	1	普 通 預 金	
20,000	2	車両運搬具	
23,000	3	備 品	
	5	借 入 金	10,000
	7	資 本 金	80,000
	10	受取手数料	70,000
30,000	13	給 料	
4,000	15	支 払 利 息	
160,000			160,000

— 20 —

(3)

合 計 残 高 試 算 表

借　方		勘 定 科 目	貸　方	
残　高	合　計		合　計	残　高
120,000	170,000	現　　　　　金	50,000	
20,000	110,000	当 座 預 金	90,000	
30,000	30,000	受 取 手 形		
10,000	60,000	売 　掛　 金	50,000	
30,000	30,000	仮 　払　 金		
	30,000	支 払 手 形	80,000	50,000
	20,000	買 　掛　 金	60,000	40,000
		前 　受　 金	20,000	20,000
		資 　本　 金	100,000	100,000
		売　　　　　上	100,000	100,000
90,000	90,000	仕　　　　　入		
10,000	10,000	水 道 光 熱 費		
310,000	550,000		550,000	310,000

解 説　まず，二重仕訳の可能性のある組み合わせは以下のとおり。よって，この取引を見つけ，二重転記しないようにするためにマークを付け，転記しない。

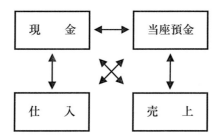

　本問の取引の仕訳は以下のとおりである。

現金に関する取引				
現　　　金	20,000	/	前 受 金	20,000
仮　払　金	30,000	/	現　　　金	30,000
水道光熱費	10,000	/	現　　　金	10,000
×当座預金	**10,000**	/	現　　　金	10,000
現　　　金	50,000	/	×売　　　上	**50,000**

仕入れに関する取引				
仕　　　入	40,000	/	×当座預金	**40,000**
仕　　　入	30,000	/	支 払 手 形	30,000
仕　　　入	20,000	/	買 　掛　 金	20,000

当座預金に関する取引				
支 払 手 形	30,000	/	当 座 預 金	30,000
買 　掛　 金	20,000	/	当 座 預 金	20,000
当 座 預 金	50,000	/	売 　掛　 金	50,000
×仕　　　入	**40,000**	/	当 座 預 金	40,000
当 座 預 金	10,000	/	×現　　　金	**10,000**

売上げに関する取引				
受 取 手 形	30,000	/	売　　　上	30,000
売 　掛　 金	20,000	/	売　　　上	20,000
×現　　　金	**50,000**	/	売　　　上	50,000

(4)

合計残高試算表

借方		勘定科目	貸方	
残 高	合 計		合 計	残 高
63,000	173,000	現　　　　金	110,000	
240,000	820,000	当 座 預 金	580,000	
640,000	1,090,000	売 掛 金	450,000	
500,000	500,000	繰 越 商 品		
	50,000	前 払 金	50,000	
	30,000	仮 払 金	30,000	
	10,000	立 替 金	10,000	
450,000	450,000	備　　　　品		
		買 掛 金	500,000	500,000
	60,000	前 受 金	60,000	
		未 払 金	400,000	400,000
	100,000	仮 受 金	100,000	
		資 本 金	1,000,000	1,000,000
		売　　　　上	1,000,000	1,000,000
850,000	850,000	仕　　　　入		
70,000	70,000	給　　　　料		
27,000	27,000	旅 費 交 通 費		
30,000	30,000	支 払 家 賃		
30,000	30,000	雑　　　　費		
2,900,000	4,290,000		4,290,000	2,900,000

それぞれの仕訳

	現　　金	10,000	/	売　　上	60,000
	売 掛 金	50,000	/		
27日	給　　料	70,000	/	立 替 金	10,000
				現　　金	60,000
	支 払 家 賃	30,000	/	当 座 預 金	30,000
	前 受 金	60,000	/	売　　上	250,000
	売 掛 金	190,000	/		
28日	仕　　入	100,000	/	買 掛 金	100,000
	当 座 預 金	200,000	/	売 掛 金	200,000
29日	備　　品	400,000	/	未 払 金	400,000
	仕　　入	300,000	/	前 払 金	50,000
				当 座 預 金	250,000
30日	旅費交通費	27,000	/	仮 払 金	30,000
	現　　金	3,000	/		
	仮 受 金	100,000	/	売 掛 金	100,000

第 17 回　決算整理① 商品売買損益の計算

（1）

仕　入	42,000	/	繰越商品	42,000
繰越商品	35,000	/	仕　入	35,000
損　益	627,000	/	仕　入	627,000
売　上	1,480,000	/	損　益	1,480,000

売上原価：¥627,000　　商品売買損益：¥853,000

解　説　　売上原価＝42,000 ＋ 620,000 － 35,000
　　　　　　商品売買損益＝1,480,000 － 627,000

（2）① 先入先出法　　期末商品棚卸高　（¥1,410）　売上原価　（¥3,870）　売上総利益　（¥2,450）
　　　② 移動平均法　　期末商品棚卸高　（¥1,320）　売上原価　（¥3,960）　売上総利益　（¥2,360）

解　説　　A商品の取引を整理すると次のとおりである。

仕　入		売　上	
期首商品棚卸高 ¥1,540 （7個　@¥220）	売上原価 19個（¥？） （1/10　11個） （1/20　8個）		売上高 ¥6,320 （1/10　¥3,520） （1/20　¥2,800）
当期商品仕入高 18個　¥3,740 （1/5　10個　@¥186） （1/15　8個　@¥235）	期末商品棚卸高 6個（¥？）		

① 先入先出法の場合，時間的に先に仕入れた商品から出て行くので，期末商品棚卸高の6個の商品は，最後に仕入れた1月15日の@¥235のものから構成される。よって¥235 × 6個＝¥1,410。売上原価は，期首商品棚卸高（¥1,540）＋当期商品仕入高（¥1,860 ＋ ¥1,880）－期末商品棚卸高（¥1,410）＝¥3,870。売上総利益は，売上高（¥3,520 ＋ ¥2,800）－売上原価（¥3,870）＝¥2,450。

② 移動平均法の場合，単価の異なる商品を仕入れるたびに，平均単価を計算していく。まず1月5日時点での平均単価は，（期首商品棚卸高 ¥1,540 ＋ 1月5日仕入金額¥1,860）÷（期首商品数量7個＋1月5日仕入数量10個）＝¥200となる。次に1月15日時点での平均単価は，（前日の数量6個×前日の平均単価¥200 ＋ 1月15日の仕入金額¥1,880）÷（前日の残高数量6個＋1月15日の仕入数量8個）＝¥220となる。期末商品棚卸高は，この平均単価に数量6個を乗じたものとなり，¥1,320となる。売上原価は，期首商品棚卸高（¥1,540）＋当期商品仕入高（¥1,860 ＋ ¥1,880）－期末商品棚卸高（¥1,320）＝¥3,960。売上総利益は，売上高（¥3,520 ＋ ¥2,800）－売上原価（¥3,960）＝¥2,360。

（1）

売却損益	
①	△ 125,000
②	25,000
③	△ 130,000
④	30,000
⑤	△ 2,500

解　説　計算過程は以下のとおり。

	取得原価	年償却費	初 年 度 経過月数	初年度 償却費	2年目から 期首までの年数	2 年目以降 償 却 費	期 首 の 帳簿価額
①	30,000,000	1,500,000	1	125,000	6	9,000,000	20,875,000
②	1,000,000	100,000	12	100,000	5	500,000	400,000
③	3,600,000	300,000	3	75,000	4	1,200,000	2,325,000
④	720,000	72,000	9	54,000	3	216,000	450,000
⑤	240,000	30,000	7	17,500	2	60,000	162,500

⇩

	当 期 経過月数	当期償却費	未償却残高	売却価額	売却損益
①	6	750,000	20,125,000	20,000,000	△ 125,000
②	3	25,000	375,000	400,000	25,000
③	9	225,000	2,100,000	1,970,000	△ 130,000
④	5	30,000	420,000	450,000	30,000
⑤	4	10,000	152,500	150,000	△ 2,500

（2）

	債権残高	繰入率	貸倒引当金 設 定 額	期 首 貸倒引当金	当 期 貸倒額	期末貸倒 引当金残高	引当金 計上額
①	200,000	0.02	4,000	3,200	200	3,000	1,000
②	15,000	0.03	450	400	300	100	350
③	60,000	0.02	1,200	2,200	900	1,300	△ 100
④	50,000	0.03	1,500	2,000	200	1,800	△ 300
⑤	30,000	0.02	600	500	400	100	500
⑥	40,000	0.05	2,000	1,600	600	1,000	1,000

（3）

×1年

10月1日	貸　倒　損　失	20,000	/	売　　掛　　金	20,000
12月31日	貸倒引当金繰入	30,000	/	貸　倒　引　当　金	30,000

×2年

2月5日	貸　倒　引　当　金	15,000	/	売　　掛　　金	15,000
7月8日	現　　　　　金	20,000	/	償却債権取立益	20,000
12月31日	貸倒引当金繰入	19,000	/	貸　倒　引　当　金	19,000

×3年

5月20日	貸　倒　引　当　金	20,000	/	売　　掛　　金	20,000
9月3日	貸　倒　引　当　金	14,000	/	売　　掛　　金	15,000
	貸　倒　損　失	1,000	/		
12月31日	貸倒引当金繰入	38,000	/	貸　倒　引　当　金	38,000

×4年

6月30日	貸　倒　引　当　金	5,000	/	売　　掛　　金	5,000
12月31日	貸　倒　引　当　金	1,000	/	貸倒引当金戻入	1,000

解 説

　×2年7月8日の取引においては，前期以前に貸倒れとして処理した債権を当期になってから回収しているので，償却債権取立益勘定で処理する。

　貸倒引当金勘定の残高がある場合に貸倒れが発生したときには，貸し倒れた分だけ貸倒引当金の残高を減らす。もし（×3年9月3日の取引のように）貸倒引当金の残高よりも貸倒れの金額の方が大きいのであれば，その差額を貸倒損失勘定において処理する。

　また×4年12月31日の取引のように，決算時において，設定すべき貸倒引当金の金額よりも貸倒引当金残高が大きい場合には，貸倒引当金戻入勘定で処理する。

（4）

（a）	減価償却費	95,000	/	車両運搬具減価償却累計額	95,000
（b）	減価償却費	540,000	/	機械装置減価償却累計額	540,000
（c）	減価償却費	900,000	/	建物減価償却累計額	900,000

解 説

（a）当期の減価償却費の求め方は次のとおりである。（¥1,000,000 － ¥50,000）÷ 10年 ＝ ¥95,000

（b）機械の残存価額は取得原価の10%であるから¥3,000,000 × 10% ＝ ¥300,000である。したがって当期の減価償却費の求め方は次のとおりとなる。（¥3,000,000 － ¥300,000）÷ 5年 ＝ ¥540,000

（c）建物の残存価額は取得原価の10%であるから¥50,000,000 × 10% ＝ ¥5,000,000である。したがって当期の減価償却費の求め方は次のとおりとなる。（¥50,000,000 － ¥5,000,000）÷ 50年 ＝ ¥900,000

(5)

（a）	備品減価償却累計額	180,000	備　　　　　品		250,000
	現　　　　　　　金	50,000			
	固 定 資 産 売 却 損	20,000			
（b）	車両運搬具減価償却累計額	1,080,000	車　両　運　搬　具		2,000,000
	未　　収　　入　　金	1,000,000	固 定 資 産 売 却 益		80,000
（c）	機械装置減価償却累計額	540,000	機　　械　　装　　置		1,500,000
	現　　　　　　　金	50,000			
	未　　収　　入　　金	650,000			
	固 定 資 産 売 却 損	260,000			

解　説

（a）業務用コンピュータの売却時点における帳簿価額（未償却残高）は¥250,000 − ¥180,000 = ¥70,000 である。これを¥50,000で売却するため，¥20,000の固定資産売却損が生じる。

（b）営業用トラックの売却時点における帳簿価額（未償却残高）は¥2,000,000 − ¥1,080,000 = ¥920,000 である。これを¥1,000,000で売却するため，¥80,000の固定資産売却益が生じる。

（c）包装用機械の売却時点における帳簿価額（未償却残高）は¥1,500,000 − ¥540,000 = ¥960,000である。 これを¥700,000で売却するため，¥260,000の固定資産売却損が生じる。

(6)

備品減価償却累計額	36,000	備　　　　品	100,000
減 価 償 却 費	9,000		
現　　　　　　金	30,000		
固 定 資 産 売 却 損	25,000		

解　説

　業務用コンピュータの残存価額は取得原価の10％であるから一年間の減価償却費は¥100,000 × 0.9 ÷ 5 年 = ¥18,000で，減価償却は初年度（期首に購入）と昨年度の2回行っているので前期末における備品減価償却累計額は¥18,000 × 2回 = ¥36,000である。当期については6ヵ月間所有しているので減価償却費 ¥9,000を計上する。以上から売却時の帳簿価額は¥100,000 −（¥36,000 + ¥9,000）= ¥55,000となり， これを¥30,000で売却したので¥25,000の固定資産売却損を計上する。

(7)

①	租 税 公 課	15,000	現　　　金	23,000
	通 信 費	8,000		
②	貯 蔵 品	16,000	租 税 公 課	10,000
			通 信 費	6,000
③	租 税 公 課	10,000	貯 蔵 品	16,000
	通 信 費	6,000		

(8)

①	仮 払 法 人 税 等	220,000	/	現　　　　　金	220,000
②	法人税, 住民税及び事業税	250,000		仮 払 法 人 税 等	220,000
				未 払 法 人 税 等	30,000

▌第19回　決算整理③費用・収益の前払い・前受けと未払い・未収の計上

(1)

×1年4月1日	支払保険料	240,000	/	当 座 預 金	240,000
12月31日	前払保険料	60,000	/	支払保険料	60,000
	損　　益	180,000	/	支払保険料	180,000
×2年1月1日	支払保険料	60,000	/	前払保険料	60,000

前 払 保 険 料			
12/31 支払保険料	60,000	12/31 次期繰越	60,000
1/1 前期繰越	60,000	1/1 支払保険料	60,000

支 払 保 険 料			
4/1 当座預金	240,000	12/31 前払保険料	60,000
		〃　損　益	180,000
	240,000		240,000
1/1 前払保険料	60,000		

(2)

×1年8月1日	現　　金	1,200,000	/	受 取 家 賃	1,200,000
12月31日	受取家賃	200,000	/	前受家賃	200,000
	受取家賃	1,000,000	/	損　　益	1,000,000
×2年1月1日	前受家賃	200,000	/	受取家賃	200,000

前 受 家 賃			
12/31 次期繰越	200,000	12/31 受取家賃	200,000
1/1 受取家賃	200,000	1/1 前期繰越	200,000

受 取 家 賃			
12/31 前受家賃	200,000	8/1 現　金	1,200,000
〃　損　益	1,000,000		
	1,200,000		1,200,000
		1/1 前受家賃	200,000

(3)

×1年10月1日	現　　金	1,000,000	/	借 入 金	1,000,000
12月31日	支払利息	15,000		未払利息	15,000
	損　　益	15,000		支払利息	15,000
×2年1月1日	未払利息	15,000	/	支払利息	15,000
9月30日	借 入 金	1,000,000		当座預金	1,060,000
	支払利息	60,000			

未 払 利 息			
12/31 次期繰越	15,000	12/31 支払利息	15,000
1/1 支払利息	15,000	1/1 前期繰越	15,000

支 払 利 息			
12/31 未払利息	15,000	12/31 損　益	15,000
9/30 当座預金	60,000	1/1 未払利息	15,000

（4）

×1年9月1日	貸 付 金	1,200,000	/	現　　金	1,200,000
12月31日	未収利息	16,000	/	受取利息	16,000
	受取利息	16,000		損　　益	16,000
×2年1月1日	受取利息	16,000	/	未収利息	16,000
2月28日	現　　金	1,224,000	/	貸 付 金	1,200,000
				受取利息	24,000

未 収 利 息					
12/31 受取利息	16,000	12/31 次期繰越	16,000		
1/1 前期繰越	16,000	1/1 受取利息	16,000		

受 取 利 息					
12/31 損　　益	16,000	12/31 未収利息	16,000		
1/1 未収利息	16,000	2/28 現　　金	24,000		

解　説

　利息は月割りで計算するので，¥1,200,000×4％÷12ヵ月×4ヵ月（9月～12月）＝¥16,000が決算日までの4ヵ月分の利息となる。これが当期に属する収益（受取利息）となる。

　二重線以降（つまり次期以降）の受取利息勘定をみると，1月1日の再振替仕訳のために，返済日に利息¥24,000を受け取っても，その期の収益となるのは2ヵ月分の¥8,000であることがわかる。

（5）

内訳	勘定科目	資産か負債か	決算整理仕訳の意味	再振替仕訳の意味
費用の前払い	前払費用	資産	当期費用から 当期収益から ｝ マイナス	当期費用に 当期収益に ｝ プラス
収益の前受け	前受収益	負債		
費用の未払い	未払費用	負債	当期費用に 当期収益に ｝ プラス	当期費用から 当期収益から ｝ マイナス
収益の未収	未収収益	資産		

第20回　精算表の作成と財務諸表の形式

（1）

精　算　表

勘定科目	残高試算表 借方	残高試算表 貸方	修正記入 借方	修正記入 貸方	損益計算書 借方	損益計算書 貸方	貸借対照表 借方	貸借対照表 貸方
現　　　　金	1,460,000						1,460,000	
現 金 過 不 足		10,000	10,000					
売　掛　金	130,000						130,000	
繰 越 商 品	150,000		200,000	150,000			200,000	
備　　　品	300,000						300,000	
買　掛　金		98,000						98,000
借　入　金		300,000						300,000
貸 倒 引 当 金		3,000		3,500				6,500
備品減価償却累計額		120,000		30,000				150,000
資　本　金		490,000						490,000
繰越利益剰余金		10,000						10,000
売　　　　上		2,000,000				2,000,000		
受 取 手 数 料		12,000				12,000		
受 取 利 息		3,000		1,000		4,000		
仕　　　　入	738,000		150,000	200,000	688,000			
通　信　費	180,000				180,000			
支 払 家 賃	72,000		18,000		90,000			
支 払 保 険 料	9,000				9,000			
雑　　　　費	7,000				7,000			
	3,046,000	3,046,000						
雑　　　　益				10,000		10,000		
貸倒引当金繰入			3,500		3,500			
減 価 償 却 費			30,000		30,000			
未 払 家 賃				18,000				18,000
未 収 利 息			1,000				1,000	
当期（純利益）					1,018,500			1,018,500
			412,500	412,500	2,026,000	2,026,000	2,091,000	2,091,000

関連する決算整理仕訳は，次のとおりである。

（a）現金過不足が貸方残なので雑益勘定に振り替える。

　　　現 金 過 不 足　　　10,000　　／　　雑　　　　益　　　10,000

（b）設定すべき貸倒引当金は，¥130,000×5％＝¥6,500であるが，前年の貸倒引当金の残高が¥3,000
　　　あるので，差額の¥3,500を計上する。

　　　　　　貸倒引当金繰入　　　　3,500　　／　　貸　倒　引　当　金　　　　3,500

（c）売上原価を計算するための仕訳を切る。

　　　　　　仕　　　　　　入　　150,000　　／　　繰　越　商　品　　150,000
　　　　　　繰　越　商　品　　200,000　　／　　仕　　　　　　入　　200,000

　　　以上の仕訳より仕入勘定の売上原価は¥590,000となる。

（d）減価償却費は，（備品の取得原価¥300,000－残存価額¥30,000）÷9年＝¥30,000となる。

　　　　　　減　価　償　却　費　　30,000　　／　　備品減価償却累計額　　　30,000

（e）費用・収益の前払い・前受けと未払い・未収の計上は以下のとおり。

　　　　　　支　払　家　賃　　18,000　　／　　未　払　家　賃　　18,000
　　　　　　未　収　利　息　　　1,000　　／　　受　取　家　賃　　　1,000

（2）

貸　借　対　照　表

東京株式会社　　　　　　　　　　　　×2年12月31日　　　　　　　　　　（単位：円）

資　　産	金　　額	負債及び純資産	金　　額
現　　　　　金		1,460,000	買　　掛　　金	98,000
売　　掛　　金	130,000		借　　入　　金	300,000
貸　倒　引　当　金	△6,500	123,500	未　払　家　賃	18,000
商　　　　　品		200,000	資　　本　　金	490,000
備　　　　　品	300,000		繰越利益剰余金	1,028,500
減価償却累計額	△150,000	150,000		
未　収　利　息		1,000		
		1,934,500		1,934,500

損　益　計　算　書

東京株式会社　　　　　×2年1月1日から×2年12月31日まで　　　　　（単位：円）

費　　用	金　　額	収　　益	金　　額
売　上　原　価	688,000	売　　　　　上	2,000,000
通　　信　　費	180,000	受　取　手　数　料	12,000
支　払　家　賃	90,000	受　取　利　息	4,000
支　払　保　険　料	9,000	雑　　　　　益	10,000
雑　　　　　費	7,000		
貸倒引当金繰入	3,500		
減　価　償　却　費	30,000		
当　期　純　利　益	**1,018,500**		
	2,026,000		2,026,000

第21回　帳簿決算

受取手数料	96,000	/	損　　益		96,000
損　　益	80,000		水道光熱費		22,000
			給　　料		46,000
			支払利息		12,000
損　　益	16,000	/	繰越利益剰余		16,000

現　金　　1
	57,000	12/31 次期繰越	57,000
1/1 前期繰越	57,000		

建　物　　2
	98,000	12/31 次期繰越	98,000
1/1 前期繰越	98,000		

備　品　　3
	45,000	12/31 次期繰越	45,000
1/1 前期繰越	45,000		

借入金　　5
12/31 次期繰越	36,000		36,000
		1/1 前期繰越	36,000

繰越利益剰余金　　7
12/31 次期繰越	106,000		90,000
		12/31 損　益	16,000
	106,000		106,000
		1/1 前期繰越	106,000

受取手数料　　9
12/31 損　益	96,000		96,000

水道光熱費　　11
	22,000	12/31 損　益	22,000

給　料　　13
	46,000	12/31 損　益	46,000

支払利息　　19
	12,000	12/31 損　益	12,000

損　益　　20
12/31 水道光熱費	22,000	12/31 受取手数料	96,000
〃 給　　料	46,000		
〃 支払利息	12,000		
〃 繰越利益剰余金	16,000		
	96,000		96,000

第22回　剰余金の配当と利益準備金の積立

（1）	繰越利益剰余金	220,000	当 座 預 金	200,000
			利 益 準 備 金	20,000
（2）	繰越利益剰余金	990,000	未 払 配 当 金	900,000
			利 益 準 備 金	90,000

第23回　伝票会計

（1）

（出　金）伝票	
×2年10月1日	
科　　　目	金　　　額
（仕　　　入）	（300,000）

（振　替）伝票			
			×2年10月5日
借方科目	金　　　額	貸方科目	金　　　額
（売 掛 金）	（200,000）	（売　　　上）	（200,000）

（入　金）伝票	
×2年10月9日	
科　　　目	金　　　額
（借 入 金）	（5,000,000）

（出　金）伝票	
×2年10月20日	
科　　　目	金　　　額
（支払家賃）	（250,000）

解 説

4つの取引のうち，8月5日の取引は現金収支を伴わないので，これについては振替伝票を用いる。

（2）
① 取引の分解

<table>
<tr><td colspan="2" align="center">（入 金）伝票</td></tr>
<tr><td colspan="2" align="right">×2年1月1日</td></tr>
<tr><td align="center">科　　　目</td><td align="center">金　　　額</td></tr>
<tr><td>（売　　　上）</td><td>（200,000）</td></tr>
</table>

<table>
<tr><td colspan="4" align="center">振 替 伝 票</td></tr>
<tr><td colspan="4" align="right">×2年1月1日</td></tr>
<tr><td align="center">借　　　方</td><td align="center">金　　　額</td><td align="center">貸　　　方</td><td align="center">金　　　額</td></tr>
<tr><td>（売　掛　金）</td><td>（300,000）</td><td>（売　　　上）</td><td>（300,000）</td></tr>
</table>

② 取引の擬制

<table>
<tr><td colspan="4" align="center">振 替 伝 票</td></tr>
<tr><td colspan="4" align="right">×2年1月1日</td></tr>
<tr><td align="center">借　　　方</td><td align="center">金　　　額</td><td align="center">貸　　　方</td><td align="center">金　　　額</td></tr>
<tr><td>（売　掛　金）</td><td>（500,000）</td><td>（売　　　上）</td><td>（500,000）</td></tr>
</table>

<table>
<tr><td colspan="2" align="center">（入 金）伝票</td></tr>
<tr><td colspan="2" align="right">×2年1月1日</td></tr>
<tr><td align="center">科　　　目</td><td align="center">金　　　額</td></tr>
<tr><td>（売　掛　金）</td><td>（200,000）</td></tr>
</table>

解 説

　取引を分解して起票する場合，現金売り¥200,000と掛売り¥300,000という2つの取引が生じたと考える。一方，取引を擬制して起票する場合には，最初に全額掛けで販売した後，ただちに¥200,000分を現金で回収したものと考える。

（3）①

仕訳日計表
×2年12月1日　　　　　305

借方	元丁	勘定科目	元丁	貸方
50,000	1	現　　金	1	35,000
20,000		受 取 手 形		
50,000		売 掛 金		70,000
30,000		買 掛 金		20,000
		売　　上		50,000
20,000		仕　　入		
5,000		通 信 費		
175,000				175,000

— 33 —

総勘定元帳
現金　　　　　　　　　　　　　　1

Ｘ2年		摘要	仕丁	借方	貸方	借/貸	残高
12	1	前月繰越	✓	50,000		借	50,000
	〃	仕訳日計表	305	50,000		〃	100,000
	〃	〃	〃		35,000	〃	65,000

売掛金元帳
神田株式会社　　　　　　　　　得1

Ｘ2年		摘要	仕丁	借方	貸方	借/貸	残高
12	1	前月繰越	✓	80,000		借	80,000
	〃	入金伝票	101		20,000	〃	60,000
	〃	振替伝票	303		20,000	〃	40,000

② 神田株式会社の売掛金残高：　¥40,000

【解 説】

　伝票ごとの仕訳は以下のとおり。（　　　）の内側は掛け取引の相手の企業名である。本問では神田株式会社の売掛金だけが対象である。なお，伝票から売掛金元帳へは個々に記入するので，伝票番号を仕丁欄に記入する。

入金伝票

```
現　　金　　　　20,000　　／　　売　掛　金　（神田）　20,000
現　　金　　　　30,000　　／　　売　掛　金　（西条）　30,000
```

出金伝票

```
買　掛　金　（浦和）　30,000　／　　現　　金　　　　30,000
通　信　費　　　5,000　　／　　現　　金　　　　 5,000
```

振替伝票

```
売　掛　金　（西条）　50,000　／　　売　　上　　　　50,000
仕　　入　　　20,000　　／　　買　掛　金　（浦和）　20,000
受　取　手　形　20,000　／　　売　掛　金　（神田）　20,000
```

　伝票から主要簿，補助簿への流れは以下のとおりである。

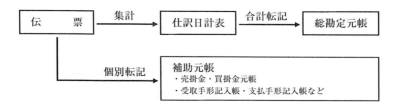

第Ⅲ部で扱う取引の仕訳問題

第7回

現金過不足	5,000	/	雑　益	5,000

第8回

（1）	当 座 預 金	230,000	/	当 座 借 越	230,000
	あるいは
	当 座 預 金	230,000	/	借 入 金	230,000
（2）	当 座 借 越	230,000	/	当 座 預 金	230,000
	あるいは
	借 入 金	230,000	/	当 座 預 金	230,000

第11回

（1）	仮 受 消 費 税	21,000	/	仮 払 消 費 税	8,000
				未 払 消 費 税	13,000
（2）	未 払 消 費 税	13,000	/	現　金	13,000

第18回－1

減 価 償 却 費	30,000	/	備品減価償却累計額	30,000

第18回－2

（1）	現　金	150,000		機 械 装 置	600,000
	減 価 償 却 費	25,000			
	機械装置減価償却累計額	240,000			
	固 定 資 産 売 却 損	185,000			
（2）	未 収 入 金	300,000		備　品	700,000
	備品減価償却累計額	320,000		固 定 資 産 売 却 益	14,500
	減 価 償 却 費	94,500			

第18回－3

貸倒引当金繰入	3,000	/	貸 倒 引 当 金	3,000

第18回－4

貸 倒 引 当 金	30,000	/	貸倒引当金戻入	30,000

第18回－5

貸倒引当金	15,000		売 掛 金	20,000
貸 倒 損 失	5,000			

第18回 − 6

（1）	租税公課	8,000	現　　金	13,000
	通信費	5,000		
（2）	貯蔵品	6,000	租税公課	2,000
			通信費	4,000
（3）	租税公課	2,000	貯蔵品	6,000
	通信費	4,000		

第18回 − 7

（1）	仮払法人税等	220,000	現　　　　金	220,000
（2）	法人税, 住民税及び事業税	450,000	仮払法人税等	220,000
			未払法人税等	230,000

第19回 − 1　　①　決算前の支払家賃勘定の金額：¥190,000

②	12月31日	前払家賃	70,000	/	支払家賃	70,000
	1月1日	支払家賃	70,000	/	前払家賃	70,000

第19回 − 2　　①　決算前の受取地代勘定の金額：¥140,000

②	12月31日	受取地代	20,000	/	前受地代	20,000
	1月1日	前受地代	20,000	/	受取地代	20,000

第19回 − 3　　①　決算前の支払家賃勘定の金額：¥80,000

②	12月31日	支払家賃	40,000	/	未払家賃	40,000
	1月1日	未払家賃	40,000	/	支払家賃	40,000

第19回 − 4　　①　決算前の受取地代勘定の金額：¥30,000

②	12月31日	未収地代	90,000	/	受取地代	90,000
	1月1日	受取地代	90,000	/	未収地代	90,000

第22回

（1）	繰越利益剰余金	880,000	当座預金	800,000
			利益準備金	80,000
（2）	繰越利益剰余金	330,000	未払配当金	300,000
			利益準備金	30,000

第24回　総合問題1

第1問

1	建　　　　物	20,000,000	/	当 座 預 金	20,000,000
2	現　　　　金	55,000	/	売　　　　上	50,000
				仮 受 消 費 税	5,000
3	売　掛　金	50,000	/	売　　　　上	50,000
	発　送　費	2,000	/	現　　　　金	2,000
4	前　払　金	50,000	/	現　　　　金	50,000
5	買　掛　金	400,000	/	電 子 記 録 債 務	400,000

第2問

	売上原価	売上総利益
（1）	23,000	28,000
（2）	22,500	28,500

解　説

純売上高：

￥51,000 = 50 個×￥600 + 30 個[1]×￥700

＊1：売上戻りを反映させた後の個数

（1）先入先出法の仕入原価の流れは以下のとおり。

前月繰越	2/1	70 個	@￥300	2/18	50 個	@￥300	⎫
仕　　入	9	30 個	@￥200	27	20 個[1]	@￥300	⎬ 売上原価
					10 個	@￥200	⎭
	22	60 個	@￥325	29	20 個[1]	@￥200	⎫ 次月繰越
					60 個	@￥325	⎭

＊1：売上戻りを反映させた後の個数

売上原価：￥23,000 = 50 個×￥300 + 20 個×￥300 + 10 個×￥200

売上総利益：￥28,000 = ￥51,000 − ￥23,000

（2）移動平均法の仕入原価の流れは以下のとおり。

2/1	+	70 個	@¥ 300		残高	
9	+	30 個	@¥ 200	→	100 個	@ 270[1]
16	△	50 個	@¥ 270	→	50 個	@ 270
22	+	60 個	@¥ 325	→	110 個	@ 300[2]
29	△	30 個[3]	@¥ 300	→	80 個	@ 300

1：(70 個×¥ 300 ＋ 30 個×¥ 200) ÷ 100
2：(50 個×¥ 270 ＋ 60 個×¥ 325) ÷ 110
3：売上戻りを反映させた後の個数

売上原価は△のついた部分の合計なので，
¥ 22,500 ＝ 50 個×¥ 270 ＋ 30 個×¥ 300
売上総利益＝¥ 51,000 － ¥ 22,500

第3問

解答

残高試算表

借　方	勘定科目	貸　方
244,000	現　　　　　　金	
1,582,400	普　通　預　金	
162,000	売　　掛　　金	
330,400	ク レ ジ ッ ト 売 掛 金	
210,000	電 子 記 録 債 権	
33,000	受 取 商 品 券	
150,000	繰 越 商 品	
500,000	建　　　　　物	
280,000	車 両 運 搬 具	
	買　　掛　　金	121,000
	借　　入　　金	700,000
	建物減価償却累計額	250,000
	資　　本　　金	1,090,000
	繰 越 利 益 剰 余 金	10,000
	売　　　　　上	2,508,000
	受　取　利　息	2,000
	受 取 手 数 料	15,000
866,000	仕　　　　　入	
180,000	通　　信　　費	
9,000	支 払 保 険 料	
7,000	雑　　　　　費	
98,000	修　　繕　　費	
25,000	法 定 福 利 費	
4,600	支　払　利　息	
9,600	支 払 手 数 料	
2,000	旅 費 交 通 費	
3,000	貸 倒 損 失	
4,696,000		4,696,000

解 説

二重転記の可能性がある組み合わせは以下のとおり。よって仕訳の中での二重転記について×印等を付けて転記しないための工夫をして，集計する。

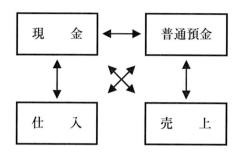

仕訳は以下のとおり。

1. 現金に関する事項

現　　　金	34,000	/	×売　　　上	34,000
×普通預金	300,000	/	現　　　金	300,000
×仕　　　入	72,000	/	現　　　金	72,000
車両運搬具	30,000	/	現　　　金	30,000

2. 普通預金に関する事項

普 通 預 金	300,000	/	×現　　　金	300,000
普 通 預 金	502,000	/	定 期 預 金	500,000
		/	受 取 利 息	2,000
普 通 預 金	600,000	/	資 本 金	600,000
普 通 預 金	295,400	/	借 入 金	300,000
支 払 利 息	4,600	/		
普 通 預 金	86,000	/	×売　　　上	86,000
普 通 預 金	210,000	/	電子記録債権	210,000
車両運搬具	250,000	/	普 通 預 金	250,000
修 繕 費	98,000	/	普 通 預 金	98,000
社会保険料預り金	25,000	/	普 通 預 金	50,000
法定福利費	25,000	/		
×仕　　　入	33,000	/	普 通 預 金	33,000

3. 売上に関する事項

×普通預金	86,000	/	売　　　上	86,000
クレジット売掛金	310,400	/	売　　　上	320,000
支払手数料	9,600	/		
受取商品券	33,000	/	売　　　上	33,000
売 掛 金	35,000	/	売　　　上	35,000
×現　　　金	34,000	/	売　　　上	34,000

4. 仕入に関する事項

仕　　　入	72,000	/	×現　　　金	72,000
仕　　　入	23,000	/	買 掛 金	23,000
仕　　　入	33,000	/	×普通預金	33,000

5. その他に関する事項

貸 倒 損 失	3,000	/	売 掛 金	3,000
旅費交通費	2,000	/	仮 払 金	2,000

第4問

解 答

①	②	③	④	⑤
未払	80,000	損益	支払家賃	前期繰越

— 39 —

解 説

時系列で見ると，以下のように説明できる。

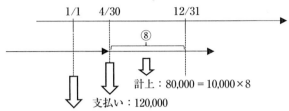

$計上：80,000 = 10,000 \times 8$

支払い：120,000

再振替仕訳：$\triangle 80,000 = 10,000 \times 8$

したがって，仕訳は以下のとおり。

1/1	未払家賃	80,000	/	支払家賃	80,000	再振替仕訳
4/30	支払家賃	120,000	/	現 金	120,000	現金による支払い
12/31	支払家賃	80,000	/	未払家賃	80,000	決算整理

　これに加えて，負債勘定である未払家賃勘定については「前期繰越」「次期繰越」を，支払家賃勘定には「損益」を入れる。すべてを埋めると以下のようになる。

支 払 家 賃

4/30	現 金	120,000	1/1	未払家賃	80,000
12/31	未払家賃	80,000	12/31	損 益	120,000
		200,000			200,000
			1/1	未払家賃	80,000

未 払 家 賃

1/1	支払家賃	80,000	1/1	前期繰越	80,000
12/31	次期繰越	80,000	12/31	支払家賃	80,000
		160,000			160,000
1/1	支払家賃	80,000	1/1	前期繰越	80,000

解答

精 算 表

勘定科目	残高試算表 借方	残高試算表 貸方	決算整理 借方	決算整理 貸方	損益計算書 借方	損益計算書 貸方	貸借対照表 借方	貸借対照表 貸方
現　　　金	100,000		2,000	4,000			98,000	
小 口 現 金	10,000			2,800			7,200	
普 通 預 金	1,179,000			30,000			1,149,000	
売 掛 金	130,000						130,000	
繰 越 商 品	150,000		130,000	150,000			130,000	
仮 払 消 費 税	190,000			190,000			0	
建　　　物	500,000						500,000	
備　　　品	330,000			120,000			210,000	
買 掛 金		98,000						98,000
借 入 金		300,000	30,000					270,000
仮 受 消 費 税		240,000	240,000					0
貸 倒 引 当 金		3,000	400					2,600
建物減価償却累計額		250,000		25,000				275,000
備品減価償却累計額		120,000	36,000	21,000				105,000
資 本 金		490,000						490,000
繰越利益剰余金		10,000						10,000
売　　　上		2,000,000				2,000,000		
受 取 手 数 料		12,000		1,000		13,000		
仕　　　入	738,000		150,000	130,000	758,000			
通 信 費	180,000				180,000			
支 払 保 険 料	9,000			3,000	6,000			
雑　　　費	7,000		800		7,800			
	3,523,000	3,523,000						
交 通 費			6,000		6,000			
雑　　　益				1,000		1,000		
固定資産売却損			4,000		4,000			
未 収 入 金			80,000				80,000	
貸倒引当金戻入				400		400		
前 払 保 険 料			3,000				3,000	
減 価 償 却 費			46,000		46,000			
未 払 消 費 税				50,000				50,000
当期（純利益）					**1,006,600**			**1,006,600**
			728,200	728,200	2,014,400	2,014,400	2,307,200	2,307,200

1．現金過不足の問題である。帳簿残高と実際有高の差額￥2,000をいったん現金過不足に振り替えて，交通費￥4,000と受取手数料￥1,000に振り替えた後の残額は貸方残なので雑益勘定に振り替える。

現金過不足	2,000	/	現　　　金	2,000
旅費交通費	4,000	/	現金過不足	4,000
現金過不足	1,000	/	受取手数料	1,000
現金過不足	1,000	/	雑　　　益	1,000

2．処理をしていない以下の仕訳を切る。

借　入　金	30,000	/	普通預金	30,000

3．小口現金勘定から適切な勘定への振替えをする。

旅費交通費	2,000	/	小　口　現　金	2,800
雑　　　費	800	/		

4．備品の売却と売却損益を計上する。この場合，簿価が84,000，売却価額が80,000なので売却損である。

減価償却累計額	36,000	/	備　　　品	120,000
固定資産売却損	4,000	/		
未　収　入　金	80,000	/		

5．売掛金の残高が130,000でそれに2%を掛けて設定額2,600を出す。貸倒引当金の残額が3,000なので減額する。

貸　倒　引　当　金	400	/	貸倒引当金戻入	400

6．定額法での減価償却費で残存価額がゼロなので取得原価を耐用年数で割れば減価償却費が算出される。なお，4で売却した部分は除くこと。

減　価　償　却　費	46,000	/	建物減価償却累計額	25,000
			備品減価償却累計額	21,000

7．費用の前払分を控除する仕訳を切る。

前払保険料	3,000	/	支払保険料	3,000

8．仮払消費税と仮受消費税の差額を未払消費税に計上する。

仮受消費税	240,000	/	仮払消費税	190,000
			未払消費税	50,000

9．売上原価を計算するための仕訳を切る。

仕　　　入	150,000	/	繰越商品	130,000
繰越商品	130,000	/	仕　　　入	150,000

第25回　総合問題2

第1問

解答

（1）	借　入　金	2,000,000	当　座　預　金		2,006,400
	支　払　利　息	6,400			
（2）	仕　　　　入	503,000	買　　掛　　金		500,000
			現　　　　金		3,000
（3）	社会保険料預り金	40,000	普　通　預　金		80,000
	法　定　福　利　費	40,000			
（4）	旅　費　交　通　費	4,000	現　　　　金		4,000
（5）	受　取　商　品　券	60,000	売　　　　上		60,000

解説

（1）支払利息の計算は次のとおり。6,400 = 2,000,000 × 2.92% × 40 ÷ 365

（2）健康保険料と厚生年金保険料を半分ずつ会社と従業員のそれぞれで負担するので，全額を社会保険料預り金勘定に計上するのではなく，企業側は法定福利費勘定に計上する。

（3）交通費専用の IC カードなので入金時点で旅費交通費勘定に計上する。

第2問

解答

①	繰越利益剰余金	⑤	2,000
②	前　期　繰　越	⑥	次　期　繰　越
③	損　　　　　益	⑦	73,000
④	利　益　準　備　金	⑧	17,000

解説

・剰余金からの配当は繰越利益剰余金から振り替えられるので①は繰越利益剰余金である。また，繰越利益剰余金の増加は当期純利益なのでそれは損益勘定から振り替えられる。したがって③は損益である。

・剰余金からの配当の場合，その金額の 10％の利益準備金を計上する。したがって④は利益準備金，⑤は 2,000 である。

・利益準備金，繰越利益剰余金は貸借対照表の勘定なので②は前期繰越，⑥は次期繰越である。

残 高 試 算 表

借 方		勘 定 科 目	貸 方	
3月31日	2月29日		2月29日	3月31日
1,297,100	1,300,000	現　　　　金		
170,000	500,000	当 座 預 金		
1,183,000	600,000	普 通 預 金		
172,000	400,000	売 　掛 　金		
410,400	100,000	クレジット売掛金		
310,000	10,000	電 子 記 録 債 権		
313,000	23,000	受 取 商 品 券		
0	900,000	貸 　付 　金		
120,000	120,000	繰 越 商 品		
5,000,000	5,000,000	建　　　　物		
4,500	10,000	仮 　払 　金		
60,000		仮 払 法 人 税 等		
		支 払 手 形	600,000	820,000
		買 　掛 　金	480,000	210,000
		電 子 記 録 債 務	20,000	120,000
		所 得 税 預 り 金	20,000	40,000
		前 　受 　金	38,000	0
		貸 倒 引 当 金	3,300	0
		建物減価償却累計額	3,000,000	3,000,000
		資 　本 　金	4,000,000	4,000,000
		繰 越 利 益 剰 余 金	800,000	800,000
		売　　　　上	537,000	1,587,000
		受 取 利 息		3,000
803,200	260,300	仕　　　　入		
6,500	5,000	消 耗 品 費		
400,000	200,000	給　　　　料		
140,000	70,000	支 払 家 賃		
9,600		支 払 手 数 料		
4,000		旅 費 交 通 費		
176,700		貸 倒 損 失		
1,058,000	9,498,300		9,498,300	1,058,000

— 44 —

3月中の取引の仕訳は以下のとおり。

1日	仕 入	52,000	買 掛 金		50,000
			現 金		2,000
3日	売 掛 金	60,000	売 上		60,000
4日	普 通 預 金	150,000	仮 受 金		150,000
5日	仕 入	160,000	普 通 預 金		160,000
6日	買 掛 金	100,000	電 子 記 録 債 務		100,000
8日	クレジット売掛金	310,400	売 上		320,000
	支 払 手 数 料	9,600			
10日	貸 倒 損 失	176,700	売 掛 金		180,000
	貸 倒 引 当 金	3,300			
12日	買 掛 金	220,000	支 払 手 形		220,000
13日	受 取 商 品 券	290,000	売 上		290,000
17日	仕 入	330,900	当 座 預 金		330,000
			現 金		900
19日	前 受 金	38,000	売 上		380,000
	売 掛 金	342,000			
20日	給 料	200,000	普 通 預 金		180,000
			所 得 税 預 り 金		20,000
21日	電 子 記 録 債 権	300,000	売 掛 金		300,000
22日	普 通 預 金	903,000	貸 付 金		900,000
			受 取 利 息		3,000
25日	支 払 家 賃	70,000	普 通 預 金		70,000
27日	仮 受 金	150,000	売 掛 金		150,000
28日	仮 払 法 人 税 等	60,000	普 通 預 金		60,000
31日	旅 費 交 通 費	4,000	仮 払 金		5,500
	消 耗 品 費	1,500			

第4問

解 答

①	②	③	④	⑤	⑥
出 金	仕 入	支払手形	出 金	前払金	90,000

解 説

それぞれの仕訳は以下のとおり。

（1）	仕　入	100,000	現　金	10,000
			支払手形	90,000
（2）	仕　入	100,000	現　金	90,000
			前払金	10,000

これを問題設定に合わせて伝票に記入すると以下のようになる。

（1）	出金伝票	仕　入	10,000	/	現　金	10,000
	振替伝票	仕　入	90,000	/	支払手形	90,000
（2）	出金伝票	前払金	90,000	/	現　金	90,000
	振替伝票	仕　入	100,000	/	前払金	100,000

第5問

解 答

貸借対照表

北浦和株式会社　　　　　　　×2年12月31日　　　　　　　（単位：円）

資　　産	金	額	負債及び純資産	金	額
現　　金		969,100	買　掛　金		340,000
売　掛　金	456,000		借　入　金		3,240,000
貸倒引当金	△9,120	446,880	未払給料		4,000
商　　品		20,000	未払消費税		70,000
建　　物	2,430,000		未払法人税等		300,000
減価償却累計額	△360,000	2,070,000	資　本　金		700,000
備　　品	600,000		繰越利益剰余金		1,109,780
減価償却累計額	△350,000	250,000			
貯　蔵　品		1,000			
前払保険料		6,800			
土　　地		2,000,000			
		5,763,780			5,763,780

損益計算書

北浦和株式会社　　×2年1月1日から×2年12月31日まで　　（単位：円）

費　　用	金	額	収　　益	金	額
売上原価		930,000	売　上		2,705,200
給　料		41,500	償却債権取立益		9,100
通信費		3,500	固定資産売却益		90,000
支払保険料		20,400			
貸倒引当金繰入		9,120			
減価償却費		190,000			
貸倒損失		20,000			
法人税等		500,000			
当期純利益		1,089,780			
		2,804,300			2,804,300

— 46 —

それぞれの仕訳は以下のとおり。

1	仕 入	30,000	/	繰 越 商 品	30,000
	繰 越 商 品	20,000	/	仕 入	20,000
2	貸倒引当金繰入	9,120	/	貸 倒 引 当 金	9,120
3	減 価 償 却 費	140,000	/	建物減価償却累計額	90,000
				備品減価償却累計額	50,000
4	仮 受 消 費 税	250,000	/	仮 払 消 費 税	180,000
				未 払 消 費 税	70,000
5	法人税, 住民税及 び 事 業 税	500,000	/	仮 払 法 人 税 等	200,000
				未 払 法 人 税 等	300,000
6	当 座 預 金	240,000	/	借 入 金	240,000
7	貯 蔵 品	1,000	/	通 信 費	1,000
8	給 料	4,000	/	未 払 給 料	4,000
9	前 払 保 険 料	6,800	/	支 払 保 険 料	6,800
10	仮 受 金	23,000	/	売 掛 金	23,000
11	現 金	9,100	/	償却債権取立益	9,100
12	貸 倒 引 当 金	24,000	/	売 掛 金	44,000
	貸 倒 損 失	20,000	/		
13	備品減価償却累計額	300,000	/	備 品	600,000
	減 価 償 却 費	50,000	/	固定資産売却益	90,000
	現 金	340,000	/		

・本問のうち 10, 11, 12, 13 は期中の取引だが記帳が終わっていない事項なので, それ以外の決算整理を処理する前に記帳して, 帳簿残高を修正する必要がある。

・「繰越商品」は貸借対照表では表示科目である「商品」に変える。

・「法人税, 住民税及び事業税」は貸借対照表では表示科目である「法人税等」に変える。

《編著者紹介》

塩原一郎（しおばら・いちろう）
早稲田大学名誉教授。
博士（商学）（早稲田大学）

主な著作等：『財務会計原論』（税務経理協会）
　　　　　　『International Auditing Environment』（税務経理協会）
　　　　　　『R. J. チェンバース著　現代会計学原理（上・下)』（創成社）
　　　　　　『R. J. チェンバース著　現代会社社会計論』（創成社）
　　　　　　『現代会計—継承と変革の狭間で—』（創成社）
　　　　　　『現代監査への道—継承されたものと変革されたもの—』（同文舘出版）
　　　　　　『明解会計学講義』（創成社）
　　　　　　『金融商品取引法と日本の金融・経済・経営』（税務経理協会）

《執筆者紹介》
奥西 康宏（専修大学商学部教授）
町田 祥弘（青山学院大学大学院会計プロフェッション研究科教授）
土屋 和之（千葉商科大学商経学部教授）
井上 普就（東京経済大学経営学部教授）
小俣 光文（明治大学経営学部教授）
平賀 正剛（愛知学院大学経営学部教授）
久持 英司（青山学院大学大学院会計プロフェッション研究科准教授）

（検印省略）

2001 年 4 月 25 日　初版発行
2020 年 6 月 15 日　八訂版発行
2023 年 5 月 15 日　九訂版発行　　　　　　　　　　略称—明解簿記（九）

明 解 簿 記 講 義 ［九訂版］

編著者　塩 原 一 郎
発行者　塚 田 尚 寛

発行所　東京都文京区　　　　　　　　　　　　　　株式会社 創 成 社
　　　　春日 2–13–1

電　話 03（3868）3867　　　Ｆ Ａ Ｘ 03（5802）6802
出版部 03（3868）3857　　　Ｆ Ａ Ｘ 03（5802）6801
http://www.books-sosei.com　　振　替 00150-9-191261

定価はカバーに表示してあります。

©2001, 2023 Ichiro Shiobara　　　組版：ワードトップ　印刷：エーヴィスシステムズ
ISBN978-4-7944-1582-0 C3034　　製本：エーヴィスシステムズ
Printed in Japan　　　　　　　　落丁・乱丁本はお取り替えいたします。

簿記・会計選書

書名	著者	区分	価格
明 解 簿 記 講 義	塩 原 一 郎	編著	2,600 円
基礎から学ぶアカウンティング入門	古 賀 智 敏 遠 藤 秀 紀 片 桐 俊 男 田 代 景 子 松 脇 昌 美	著	2,600 円
会 計 ・ ファイナンスの基礎・基本	島 本 克 彦 片 上 孝 洋 粂 井 淳 子 引 地 夏 奈 子 藤 原 大 花	著	2,500 円
学 部 生 の た め の 企 業 分 析 テ キ ス ト ― 業界・経営・財務分析の基本 ―	高 橋 聡 福 川 裕 徳 三 浦 敬	編著	3,200 円
日 本 簿 記 学 説 の 歴 史 探 訪	上 野 清 貴	編著	3,000 円
全 国 経 理 教 育 協 会 公式 簿記会計仕訳ハンドブック	上 野 清 貴 吉 田 智 也	編著	1,200 円
人 生 を 豊 か に す る 簿 記 ― 続・簿記のススメ ―	上 野 清 貴	監修	1,600 円
簿 記 の ス ス メ ― 人生を豊かにする知識 ―	上 野 清 貴	監修	1,600 円
現代の連結会計制度における諸課題と探求 ― 連結範囲規制のあり方を考える ―	橋 上 徹	著	2,650 円
非 営 利 ・ 政 府 会 計 テ キ ス ト	宮 本 幸 平	著	2,000 円
ゼ ミ ナ ー ル 監 査 論	山 本 貴 啓	著	3,200 円
国 際 会 計 の 展 開 と 展 望 ― 多国籍企業会計とIFRS ―	菊 谷 正 人	著	2,600 円
I F R S 教 育 の 実 践 研 究	柴 健 次	編著	2,900 円
I F R S 教 育 の 基 礎 研 究	柴 健 次	編著	3,500 円
投 資 不 動 産 会 計 と 公 正 価 値 評 価	山 本 卓	著	2,500 円
新 ・ 入 門 商 業 簿 記	片 山 覚	監修	2,350 円
新 ・ 中 級 商 業 簿 記	片 山 覚	監修	1,850 円
管 理 会 計 っ て 何 だ ろ う ― 町のパン屋さんからトヨタまで ―	香 取 徹	著	1,900 円
税 務 会 計 論	柳 裕 治	編著	2,550 円
は じ め て 学 ぶ 国 際 会 計 論	行 待 三 輪	著	1,900 円
監 査 の 原 理 と 原 則	デヴィッド・フリント 井 上 善 弘	著 訳	2,400 円

(本体価格)

創 成 社